JN418974

부산-경남기독교역사연구회 전기총서 ①

태양신과 맞서 싸운

신앙의 투사 이인재 목사

爲主受難 最高榮光

박 시 영 지음

이인재의 가족들. 이 사진은 1941년, 이인재 모친의 회갑연때 찍은 사진이다.
당시 이인재는 평양형무소에서 수형생활을 하고 있었다. 사진 배경은 이인재의 친가이고
앞줄 중앙에 갓을 쓰신 분이 부친이시고 우측이 모친이시다.

이인재의 아내 신을라(중앙)와
딸 정희 수옥, 아들 이정빈이다.

이인재의 형제들(1941년).

문상문 사모와 함께 특송하는 모습(1960년대)

1974년
미국으로 이미가기 전
가족들과 함께 찍은 사진

동생 이희재 장로 내외와 함께.

모친 최순명 여사 장례 예식

(1966년 9월 13일, 밀양 선영에서)

장례집례자: 한상동 목사

자녀들과 함께(1970년대)

좌로부터 이정빈(장남)
이인재(본인) 문상문(사모)
이정윤(삼남) 이정신(차남)

고신대학 교수들과 함께 기념촬영

남영환 목사와 함께

동대구 역에서 친우들과 함께 송도제일교회로 조 목사를 환송하며 기념촬영
(1972년)

미주 필라델피아 노회에서의
이인재 목사

생 이명재 목사(왼쪽에서 두번째)와
함께 한 가족들(시카고에서)

第88회 생신잔치를 하고서

콜로라도 덴버 성산교회 원로목사 추대식
(1992년 3월 8일)

이인재 목사 90회 생신 축하 잔치
(1996. 2. 22 필라델피아노회 주관 후원)
덴버 새한장로교회 주관

헌사

신앙의 투사이면서도
한 마리의 어린양과 같이 순진한 삶을 사셨던
아름다운 하나님의 사람, 이인재 목사를 추억하면서
생사고락을 함께 하며 숱한 고난을 이겨내신
그의 가족들에게 이책을 바친다.
또한 이 땅에서
복음을 위해 능욕을 당하는 일을 마땅히 여기며
심지어 자신의 목숨까지도 드려야만 했던
모든 순교자들과
그의 동역자들에게
이책을 바친다.

東苑 李仁宰 牧師

"그리스도께서
자기를 기쁘게 하지 아니하셨나니"(로마서 15장 3절).
– 이인재 목사의 목회 철학

"우리가 다 수건을 벗은 얼굴로 거울을 보는 것 같이
주의 영광을 보매 저와 같은 형상으로 화하여
영광으로 영광에 이르니
곧 주의 영으로 말미암음임이니라".
(고린도후서 3장 18절)
– 이인재 목사가 즐겨 읽는 성경구절

"하나님의 사람들의 영광은
날마다 자기 십자가를 지고
죽는 생활에 있는 것이다"
– 이인재 목사의 생활 철학

"爲主受難 最高榮光"
– 이인재 목사가 지인들에게 자주 건네 주는 글

이인재 목사 약력

1906년 1월 4일, 경남 밀양군 상남면 마산리 779번지에서 출생

- 이강환, 최순명씨의 10남매의 맏아들로 출생함

1923년, 마산리교회에 첫 출석함

1924년, 세례받음

1926년. 밀양농잠학교 졸업

1926년 3월~1938년 1월, 면서기로 13년간 공무원 생활

1930년 12월 4일, 마산리교회의 초대 선출직 집사로 피택
　　당시 이름은 집에서 부르던 리쥬원(이주원)으로 기록되어 있음
　　(마산교회 제1회 당회록, 1936년 12월 4일)

1938년 4월, 평양 신학교 입학, 신사참배 반대운동에 참여.

1940년, 평양 이노리 교회 전도사로 봉직

1940년 5월 13일, 평양신학교 기숙사에서 일경에 의해 체포.
　　평양경찰서 유치장과 평양형무소 수감.

1945년 8월 17일, 해방과 함께 출옥(만 5년 4개월 옥고치룸).

1945년 10월, 밀양마산교회 전도사(제12대 담임 교역자).

1946년~1947년, 창원교회 전도사(창원교회 제17대 교역자로 부임).

1947년 6월 7일, 조수환, 황철도와 함께 고려신학교 제1회로 졸업

1948년~1950년 8월, 전도사로 서울 성산교회를 개척해서 설립했지만
　　6.25참변으로 몸바쳤던 교회가 분해되는 역사적 고통을 겪음.

1950년 9월~1952년 5월, 거제도 장승포교회 담임목사로 시무

*1951년 3월 6일, 마산 문창교회에서 열린 제54회 경남노회 정기노회에서 목사 안수를 받았다. 이 날 목사로 장립을 받은 사람은 이인재, 배수윤, 김희수, 김장원, 정해동, 손명복, 박성근 모두 7명이었다.

1952년 7월~1960년 12월 6일, 대구 성남교회 개척 시무
1961년~1963년, 대구 동성로 교회 시무
1965년~1967년 10월, 서울 의정부중앙교회 시무
1967년 11월~1971년, 서울 성광교회 시무
1971년~1974년, 대구 달성교회 시무
1974년 6월 29일, 도미(渡美)
1976년~1978년, 시카고 미현 교회 창립(후에 「조명교회」로 이름을 바꿈)
1978년~1979년, 뉴저지 허드슨 장로 교회 창립, 시무
1978년 2월 8일, 미주 합동측 예수교장로회 총회 창설, 초대 총회장
1979년~1981년, 펜실베니아주 이리 (Erie) 장로교회 창립, 시무
1980년 8월 12일, 미국 시민권 취득
1981년 5월~1984년, 필라델피아 새한 장로 교회 창립, 시무
1984년 12월 11일, 미주 필라델피아 노회 공로목사로 추대됨
1987년 8월~1889년, 콜로라도 덴버 성산교회 창립, 시무
1992년 4월 8일, 필라델피아 새한 장로 교회 원로목사 추대
2000년 4월 30일, 새벽 1시 50분, 소천.

저서: 『넘쳐 흐르는 생명강』(서울: 소망사), 1964. 6. 30
『성령충만을 받는 비결』(서울: 개혁주의신행협회) 1994. 7. 25.
『하늘에서 온 방문객』, (부산: 제일문화사), 1988. 10.1
『이인재 목사의 생애와 설교』, (서울: 도서출판 영문), 심군식, 1996. 10. 10

가족사항: 이인재(본인)
신상이(처) – 이정희(장녀) 이정빈(장남)
이수옥(차녀) 이정신(차남)
문상문(처) – 이정윤(삼남) 이정수(막내)

출옥성도들이 해방을 맞아 1945년 8월 17일,
순교자 주기철 목사 사택 앞에서 찍은 사진:

- 뒷줄 좌에서 조수옥, 주남선, 한상동, 이인재, 고흥봉 손명복
- 앞줄 좌에서 최덕지, 이기선, 방계성, 김화중, 오윤선, 서정환

추천사

이상규 교수

이번에 박시영목사님이 쓰신 「신앙의 투사 이인재목사」를 부산 · 경남교회사연구회 전기총서 1권으로 출판하게 된 것을 기쁘게 생각합니다.

이인재목사님은 밀양에서 출생하여 밀양마산교회의 박수민장로를 통해 기독교로 개종하신 분으로서 신자가 된 이후 자신의 변화된 삶을 통해 그리스도인으로 사는 것이 어떤 것인가를 보여주신 분입니다. 일제하에서는 신사참배를 반대하여 손명복, 주남선, 한상동 목사님 등과 함께 평양 감옥에 5년간 투옥되셨다가 해방과 함께 석방되기까지 믿음으로 사셨던 분입니다. 그 후에는 한국과 미국에서 목회자로 활동하신 분으로 그의 삶의 여정은 믿음을 따라 하나님의 인도 가운데 사신 일생이었습니다. 그 분이 가신지 7년이 지난 이제 그 분은 어떤 분이며, 어떻게 사셨고, 그가 남기신 신앙의 유산이 어떤 것인가를 밝혀 두는 일은 뜻 깊은 일이라고 생각합니다.

이 값진 일을 감당하신 분이 부산 · 경남 기독교역사연구회 총무이자 지역교회사연구에 정열을 쏟으시는 박시영목사님입니다. 그는 분주하신 목회생활 중에서도 담임하고 있는 교회의 역사적 인물들에 대해 연구하는 중에 이인재목사님의 생애 여정에 대한 새로운 사실을 확인하고 그 분이 살아갔던 삶의 자취를 추적하게 되었고, 결과적으로

이처럼 소중한 한권의 전기를 출판하게 된 것입니다. 이 일을 위해 박시영 목사님은 숨겨진 자료를 찾아내고, 관련된 인물들을 찾아다니며 증언을 청취하고, 또 역사적 사실 확인을 위해 각종 문헌을 검토하는 등 등섭지로(登涉之路)의 수고를 감내하셨습니다.

이번에 출판하는 이 책은 이인재목사님에 대한 기존의 잘못된 기록을 바로 잡고 새로운 사실을 첨가하는 등 이인재목사님에 대한 정확하고 보다 분명한 기록이라고 생각합니다. 이 책은 이인재 목사 개인의 전기라기보다는 그가 살아갔던 그 시대의 한국교회적 정황과 한국교회의 신사참배 반대와 투쟁, 해방 후의 상황, 그리고 고신, 합동, 총공회 등 교단의 역사를 종합적으로 조망해 볼 수 있는 안목과 정보를 제공한다는 점에서 의의가 있다고 생각됩니다. 이런 점에서 이 책은 오늘의 한국교회에 많은 가르침을 주고 있습니다.

바라기는 이 책이 널리 읽혀지고, 이인재목사님의 삶의 여정을 통해 믿음의 선한 싸움이 어떤 것인가를 다시 한번 확인하는 기회가 되었으면 합니다. 이 책은 저자인 박시영목사님의 땀과 눈물과 기도로 어우러진 우리 시대를 향한 소중한 선물입니다. 우리는 앞으로도 박시영 목사님의 역사를 헤아리는 안목을 주시할 것입니다.

2006년 9월 5일

부산경남기독교역사연구회 회장 이상규

◈편집자 주 / 이상규 교수는 고신대학교 신학과에서 기독교역사를 가르키고 있으며 부산 · 경남기독교역사연구회 회장으로 섬기고 있다.

추천사

윤 평 원 장로

교회당 건물은 예배하는 곳이 아니고 학교 학생들의 교실로 쓰이고 있었다.

주일에는 아무도 출입을 할 수 없도록 잠가 두었다. 어린 소년인 나는 그 이유도 묻지 않지도 않았고 그러려니 여겼다. 아침마다 운동장에서 전교생이 모여 내용도 모르면서 황국신민(皇國臣民)의 선서를 외고 동쪽을 향하여 경례(허리를 90도 굽혀 하는 절)를 하였다. 월초가 되면 선생님이 내어주는 표를 받았는데 학교에서나 동네에서 우리말을 하다 급우(級友)에게 발각되면 표 한 장을 빼앗겼다. 월말에는 표를 많이 모은 학생은 상을 받고 표를 빼앗긴 학생은 벌을 받았다.

교회당이 폐쇄 다아는 종교탄압, 일황(日皇)에게 절하는 동방요배, 한국어 말살 정책... 어린 소년이 겪은 일이 이러하거든 하물며 당시 기성세대가, 그 중에서도 교회의 지도자들에게 가해진 회유(懷柔)와 고문(拷問)은 어찌 말로 다할 수 있으랴!

그러나, 이런 사실을 후대에 전해 줄 이가 몇이나 되며 또 전해 준다고 한들 후대들이 명념(銘念)이나 할까? 세월이 가면 망각의 늪으로 빠져들기 마련이다. 우리는 일본 군국주의자들이 우리에게 행한 일들을 그리스도의 사랑으로 용서할지언정 결코 잊어서는 안된다. 그러기에 기록되어져야 한다.

해방이 된 지 60년 세월 동안 우리는 이 땅에서 믿음을 지키려고 생명을 바쳐온 신앙투사들의 족적(足跡)을 살피는 데 얼마나 게을렀는지 모른다.

그런데, 이번에 뜻있는 분들이 「부산-경남 기독교역사연구회」를 결성하고 그 첫 열매로 이인재 목사의 신앙 투쟁의 면모를 상재(上梓)하게 된 것을 치하해 마지 않는 바이다.

고향 밀양에서 목회하시면서 관계 문헌들을 섭렵(涉獵)할 뿐 아니라 유족과 관련 인사들을 만나고, 여러 각도에서 이인재 목사를 정확히 한국기독교회사에 클로즈업시킨 박시영 목사님의 노고에 대하여 경의를 표하고 이는 크게 상찬받아 마땅하리라 생각한다.

이 책을 손에 들면 마치 타임머신을 타고 칠십여 년 전으로 되돌아간 느낌이 들 정도로 생동감있게 씌여져 손 떼기가 싫다. 때로는 눈시울이 젖어오기도 하고 자신도 모르게 주먹이 불끈 쥐어지기도 한다. "오늘의 한국 기독교가 이런 분들의 희생 위에 세워졌군요. 감사합니다" 하는 기도가 절로 나온다.

너무나 자유롭고 편안하여 나태해지기 쉬운 현대인들, 특히 자라나는 청소년들이 이 책을 읽어서 올바른 역사 인식과 신앙관을 다지는 계기가 되리라 믿어 이를 널리 추천하는 바이다.

주후 2006년 7월 10일

차밭골에서 산돌 윤 평 원

◈편집자 주 / 추천자이신 윤평원 장로는 이책을 펴낸 박시영 목사가 6년간 부교역자로 섬긴 부산 온천교회의 원로장로이다. 그리고 추천자는 부산대학교 부속고등학교 교장직을 마지막으로 40년 동안 교직에 몸담아 평생 후학(後學)들을 양성하신 훌륭한 교육자이기도 하다.

「신앙의 투사, 이인재」

책을 펴내며

박 시 영

이 땅의 모든 등불이 꺼져갈 때, 역사의 흐름이 강자(强者)에 의하여 움직여지는 것으로 여겨지는 그런 때, 희망의 그루터기가 있었다. 일제말 신사참배를 강요하며 조선민족의 말살을 꾀하던 일제 앞에 끝까지 굴하지 않고 신사참배 반대운동을 펼쳤던 사람들이 바로 그들이다. 다들 숨을 죽이고 자신의 생존만을 확인하며 살아갔던 그런 시절이 아니었던가? 이러한 어려운 때에도 역사의 파숫군으로 잠든 시대를 일깨우며 민족의 생사의 갈림길에서 우리 민족의 살 길을 찾아나섰던 이인재 전도사는 그야말로 귀한 선각자(先覺者)가 아닐 수 없다. 반딧불은 미미한 존재이지만 생명력이 있기에 어둠을 밝히듯 신사참배 반대운동가들도 역사의 어둠이 짙을 때에 그 어둠을 밝히는 빛의 사명을 감당하였다.

하나님의 계명을 지키는 일에 관한 한 추호의 타협도 없이 '아니오' 라고 말할 수 있었던 사람들. 하나님 앞에서 범죄하지 않는 길만이 이 민족이 살 길이라고 믿었던 사람들. 그러기에 어떠한 억압과 강요 앞에서도 굴하지 않고 묵묵히 자신 앞에 주어진 고난의 길을 당당히 걸어갔던 신앙의 투사들. 그들 중 한 사람인 이인재를 살펴보고자 한다.

작년 5월 어느 날이다.

밀양의 대표적 지역 언론사인 밀양신문사의 황규열 이사와 박영배 국장이 필자를 찾아왔다. 그리고 대뜸 필자에게 자랑스러운 밀양이었던 이인재 목사에 대해서 연재로 글을 써달라는 부탁을 하는 것이다.

사실 나는 무척 당황스러웠다. 나는 전문적으로 역사를 전공한 사람도 아니고, 또 연재로 글을 쓸만한 글 재주도 없는 사람이었기 때문이다.

하지만 그때 나는 조금도 주저하지 않고 승낙했다.

왜냐하면 그것은 좀처럼 맞이하기 힘든 좋은 기회였기 때문이다.

이것은 이인재 목사를 통하여 신사참배로 인한 갖은 고난 가운데서도 신앙의 투사로서 승리하는 삶을 살아갈 수 있도록 하신 우리 하나님과 일제강점기에 신사참배 반대 운동의 한 중심에 서 있었던 밀양마산교회를 지역사회 속에 자연스럽게 소개할 수 있는 기회였던 것이다.

그래서 즐거운 마음으로 이인재 목사에 대한 자료들을 수집하게 되었고, 또 이인재 목사의 가족들과 지인들을 만나게 되었다.

그런 과정을 통해 필자 역시 너무도 좋은 역사공부를 하게 되었고 이런 기회를 제공해 준 밀양신문사에 깊은 감사를 드리고 싶다.

아울러 밀양신문에 글을 연재하면서 한가지 더 감사한 것은 이인재 목사의 생애에 대해서 잘 소개한 『이인재 목사의 생애와 설교』가 있었다는 점이다. 이 책을 펴내느라 수고하신 심군식 목사과 그의 가족들께 진심으로 감사를 드린다.

하지만 아쉽게도 이책은 많은 부분이 수정되어야 할 필요성을 느끼던 중 금번에「부산-경남기독교역사연구회」를 통해서 『신앙의 투사, 이인재』라는 제목으로 다시금 이인재 목사에 대한 책을 출판할 수 있는 기회를 맞게 되었다. 필자는 그의 생애, 신사참배 반대 뿐만 아니라 교회를 개척하며 복음을 위해 사셨던 해방 이후의 행적에 대해서도 욕심을 내어 보았다.

그러나 격동의 시기에 살았던 이인재 목사이기에 그에 대한 자료를 찾기란 여간 어려운 일이 아니었다. 일제강점기 평양으로 이사갔다가 옥고를 치루었고, 또 해방과 함께 맞이했던 기쁨도 잠시 6.25를 맞으면서 피난길에 오르기도 했으며, 이 교회 저 교회로 사명을 좇아 교회를 개척하며 교회당을 건축하느라 이삿짐 사기에 바빴던 그였다. 그러기에 그에 대한 자료들도 거처를 옮길 때마다 하나씩 둘씩 사라져 버렸고 1974년, 급기야 미국으로 이민을 가게 됨으로 그의 호적(戶籍)조차도 정리되어 없어지고만 상태였다.

그러니 그에 대한 자료를 구하기란 여간 힘든 일이 아니었다.

그나마 다행한 일은 장남 이정빈 장로가 대구에 살고 있고 둘째 딸 이수옥 권사가 진주에 살고 있어서 그들의 증언을 들을 수 있게 되었고, 또 이인재 목사의 부인인 문상문 사모와 두 아들 이정윤, 이정수씨가 미국에 살고 있어서 수 차례 전화 통화를 통해서 사실들을 확인하며 자료들을 수집할 수 있었다. 그리고 많은 자료들을 가족들이 직접 미국에서 탁송(託送)해 줌으로 퍼즐을 맞추듯 한 장의 그림을 완성할 수 있게 되었다. 여러 가지면에서 협조를 아끼지 않았던 이인재 목사의 가족들에게도 감사를 드린다.

그리고 글에 졸한 필자가 그래도 용기를 가질 수 있었던 것은 늘 곁에서 기도로 도우며 함께 해주었던 아내가 있었기 때문이다. 차라리 백지(白紙)를 건네 주면 좋겠다며 푸념하면서도 십여 차례에 걸친 재창조(?) 수준의 교정을 감당해 주었던 귀한 아내의 노고에 감사를 드린다.

그리고 무엇보다도 필자는 이인재 목사의 고향교회인 밀양마산교회의 당회원들과 모든 성도들에게 감사를 드린다. 부산 · 경남기독교역사연구회가 창립되어 시작되는 시점에 밀양마산교회는 교회설립 110주년을 맞이하게 되었다. 이 유구한 역사를 기리며 온 교회가 마음과 뜻을 모아서 부산 · 경남기독교역사관 건립에 대한 비전을 가지게 되었고, 그 시작으로 테마공원 역사의 숲을 개장하게 되었다. 그리고 교회설립110주년 기념책자로 '신앙의 투사, 이인재'를 발간하고 그 모든 제작 경비를 밀양마산교회가 부담한 것이다.

이제 우리는 일제 강점기의 견디기 어려운 압력에 맞서서 자신의 신앙과 양심을 실천하고자 애를 쓰는 한 인간의 모습을 살피게 될 것이다. 타협만이 살 길이고 생존이 유일한 삶의 이유인 시대에 결코 굴하지 않고 자신의 삶의 길을 택한 귀한 인물이었던 신앙의 투사 이인재를 통해서 많은 감동과 새로운 도전이 일어나기를 간절히 기대해본다.

신앙의 투사, 이인재

차 례

제3부 체포와 옥중생활

제4부 출옥과 새로운 시작

제5부 마지막 인생여정

●●●시작하는 글

왜 신사 참배를 반대하는가?

얼마전 시네마현 의회에서 타케시마의 날을 선포했다. 설상가상으로 일본 교과서의 역사왜곡 문제로 반일 감정이 거세져가는 시점에 국민적 가수인 조영남씨가 야스쿠니 신사를 방문한 일이 있었다.[1] 그는 올해 1월, 「맞아죽을 각오로 쓴 친일선언」을 출판하기도 했다. 그는 「한국에서의 비난은 당연히 드셀 것이지만 사물을 보는 시각이 한 가지 뿐만은 아니라는 것을 전하고 싶었다」라며 당시 그는 그의 「친일(親日)」사상을 허물어뜨리지 않고 있다. 이 때문에 네티즌들 분노도 이만저만이 아니다.

「지일파」니 「친일파」니 스스로 자인하는 그의 눈에는 야스쿠니 신사가 어떻게 비춰졌을까? 방문을 마친 조씨는 '그들(일본인)은 자

---

1) 2005년 4월 22일, 일본 산케이 신문은 '맞아죽을 각오로 쓴 친일 선언' 의 일본어판을 출판한 한국의 가수 조영남씨와의 인터뷰를 보도하면서 그가 일본 신사를 참배했다고 밝혔다. 이 보도로 인해 한국내 네티즌 사이에서 엄청난 비난과 공격이 이어졌고 조영남씨는 산케이 신문에 정정 보도를 요구했다. 그러자 2005년 4월 26일자 산케이 신문은 '조영남은 신사 참배에 대해 "어디까지나 방문한 것뿐이지 참배는 아니다" 라고 해명했다' 고 실었으며, 이는 '야스쿠니 참배' 라고 정의한 이전 보도에 대해 '정정' 이라기보다는 본인의 해명발언을 인용한 것이라고 전했다.

신들의 선조가 정말 지독한 일을 했다 하더라도, 그들의 선조이기 때문에 무슨 일이 있어도 제사 지내지 않을 수 없다고 말하는 것이고, 우리들은 범죄자 취급을 해야하기 때문에, 합사(合祀)나 참배(參拜)는 괘씸하다고 말하고 있는 것이다' 라고 이야기했다. 서로의 장벽을 허물수는 없지만, 조씨는 그 정중앙에 서서 나름대로 객관적인 일이라 여기며 자신의 생각을 밝히고 있다. 「친일선언」을 하긴 했지만, 그가 일본의 모든 것을 당연히하게 받아들이는 물론 아닐 것이다. 그러나 독도 문제나 교과서의 역사 왜곡 문제로 뜨겁게 달구어진 한국에 비해, 차갑게 대응하는 일본을 보면서, '냉정하게 대응하는 면은 일본 쪽이 한수 위라고 생각한다' 라고 말하는 그의 의견이 과연 옳을까? 그리고 조씨의 말처럼 신사참배가 그렇게 간단한 문제일까?

언뜻 생각하면 조씨와 같은 생각을 가지고 쉽게 일본을 이해하려드는 사람들이 꽤 있을 듯 싶다. 하지만 신사참배 문제는 그들이 생각하듯 그리 간단한 문제가 아니라는 점을 명심해야 한다. 그러기에 필자는 일제 강점기에 신사참배반대운동의 중심에 서서 활동하다가 평양감옥소에 수감되었고 해방 후 출옥(出獄)한 이인재 목사에 대해 이야기하기 전에 독자들의 이해를 돕기 위해 먼저 신사(神社)가 무엇이며 우리가 신사참배를 왜 반대하였는지에 대해 말하고자 한다.

1. 신사, 신도란 무엇인가?

신사(神社혹은 神祠)란 신도(神道)라는 종교의식을 행하는 장소인데, 신도(神道)란 일본의 토착적인 원시종교를 말한다. 원래 '신도(神道)' 는 일본인이 말하는 신인 '가미' (神)에 대한 신앙이다. 이는 일본의 토착적인 원시 종교로 다신론적(多神論的)이며 자연숭배적(自然崇拜的)인 일본 고래(古來)의 종교로서, 국조신(國祖神)이라고 하는 천조대신(天照大神)과 그 이후의 종신(宗神)들을 섬기며 명치유신 이후에는 천황(天皇)을 현인신(現人神)으로 섬기는 일종의 민족종교(民族宗教)의 성격을 띠고 있다. 그리고 신도의 신을 제사지내는 곳이 바로「신사」이다. 일본 곳곳에는 현재 8만여 개의 신사가 있다.

고이즈미 준이치로(小泉純一郎) 일본 총리가 아세아 주변 여러 국가들이 반대하는데도 굳이 신사참배를 2001년 취임 이후 5차례나 강행했던 곳이며 최근 국민적 가수인 조영남씨가 방문해서 참배했던 곳인 야스쿠니(靖國) 신사도 이런 일본 각지에 있는 신사 가운데 하나이다. 이 야스쿠니 신사는 일본의 수도인 도쿄 중심부에 위치해 있다.

2. 야스쿠니 신사

야스쿠니 신사는 일본에 있는 여러 신사 가운데 하나이지만, 아주 특별한 곳이기도 하다. 바로 '일본 천황을 위해 죽은 사람들' 을 제사지내는 곳이다. 즉, 일본 천황을 위해 전쟁에 나갔다가 죽은 군인들을 추모하는 곳이다. 고이즈미 총리는 "전쟁으로 희생된 사람을 애도하고, 다시는 전쟁이 있어선 안될 것이라고 다짐하기 위해" 야스쿠니 신사를 찾았다고 변명한다. 그러나 그것은 눈가리고 아웅하는 식이다. 왜나하면 야스쿠니 신사에는 전쟁에서 희생된 사람들뿐 아니라 전쟁을 일으킨 장본인들의 위패도 보관되어 있기 때문이다. 즉, 도조 히데키 등 2차대전을 일으킨 전쟁 책임자 A급 전범 14명을 신으로 받들고 제사를 지내는 곳이 바로 야스쿠니 신사인 것이다.

3. 반성할 줄 모르는 일본

일본은 겉으로는 안 그런 척하지만 틈만 있으면 과거 전쟁을 정당화하려고 애써 왔다. 물론 일본 사람이 모두 그런 것은 아니다. 극우(極右) 세력들에 한해 그렇다는 것이다. 이들은 옛날을 그리워하며 군국주의(軍國主義)가 되살아나길 꿈꾼다. 일본 총리의 신사 참배는 결국 일본이 일으킨 전쟁을 정당화하려는 의도로 풀이되기에 제2차 세계대전의 피해국들인 대다수 아시아 국가들이 발끈하는 것이다. 고이즈미 준이치로 일본 총리 신사참배 강행은 크게는 일본 군국주의의 부활을 알리는 신호로 볼 수도 있기 때문이다. 이런 이유 때문에 '일본이 강한 나라가 되길 꿈꾸는' 총리는 주변의 반대에도 불구하고 참배를 강행하고, 세계 여러 나라는 걱정어린 눈빛으로 총리의 이런 행동을 지켜보는 것이다.

4. 일제 강점기의 신사참배 강요

우리가 신사참배를 생각할 때 빼놓지 않고 반드시 생각해 보아야 할 부분은 일제 강점기에 있었던 신사참배 강요이다. 1930년에 들어서자 일제는 조선통치 말기에 소위 대륙 병참화 정책을 수립하고, 이를 뒷받침하기 위해 내선일체(內鮮一體), 황민화정책(皇民化政策) 등을 실시하기에 이르렀다. 이들은 이 정책의 거점을 신사에 두고 '일면일신사주의(一面一神社主義)' 를 강행하여 전국 요소 요소에 신사를 건립했다.

원래 이 신도는 원시적 자연숭배 종교로서 민족적 성격을 띤 국교화된 종교였다. 그런데 명치유신(明治維新, 1868년)에 의해 새로 성립된 정권은 천황제 국가로서 신도를 기본이념으로 삼았다. 그리고 신도를 국가적 종교로 전국민에게 참배토록 하기 위해 '신사는 종교가 아니고 국가에 보은(報恩)하는 국민도덕' 이라고 규정하였다. 이것은 매우 기만적인 것이었다. 신사참배를 국가적 의식으로 강요하기 위해 의도적으로 '비종교화' (非宗教化)한 것이다.

이것은 대외적으로는 신앙의 자유를 허용하는 문명국가임을 보여주고, 대내적으로는 신도이념으로 천황을 중심으로 하는 신도국가를 형성하기 위한 일본의 조치였다. 이 신사제도가 천황제국가와 결합하여 신사참배는 강요되었고, 이것이 전쟁정책과 결부되면서 조선에서도 1930년대부터 강요되었던 것이다. 일제는 군국주의 체제로 소위 대동아권 형성을 꿈꾸면서 신사에 대한 참배를 전면에 등장시켰다. 이것은 신도라는 일본종교를 가지고 천황중심주의의 이념적 통일을 꾀하려는 시도였다. 그래서 신사에 대한 참배만이 아니라 일본천황-일황(日皇)이라 칭하는 것이 정당할 것이다- 이 있는 동쪽을 향해 절하도록 요구하는 동방요배, 일본국기 게양 요구, 황국신민선서라는 일본황제에게 충성을 다하겠다는 서약문의 제창 등을 요구하기에 이른 것이다. 이일을 통해서 일제가 표면화 시킨 정책은 황민화정책(皇民化政策) 이지만 우리 민족에게는 실제로 민족말살정책(民族抹殺政策)인 셈이었다.

5. 신사참배 반대운동의 요람지

일제하 조선의 정치인, 기업인, 지식인, 종교인들이 신사참배에 대다수 굴복하였다. 하지만 기독교회, 특히 장로교회는 쉽게 무릎을 꿇지 않았다. 그러나 장로교회도 그 탄압을 이기지 못하고 1938년 9월 장로교 총회에서 신사참배를 결의함으로써 일제에 굴복하였다. 하지만 일부의 기독교인들이 끝까지 거부하면서 실로 많은 고통을 겪었다. 이때 신사참배를 반대한 200여 교회가 파괴되었고 2,000여명이 투옥되었으며 그중에 50여명은 옥중에서 순교하였다. 신사참배의 강요는 한국교회가 겪은 가장 큰 박해사건이었고, 한국교회의 큰 수난이었다.

바로 이러한 때 밀양시 상남면 마산리에 있는 마산교회(馬山敎會)는 한상동 목사와 이인재 목사를 중심으로 해서 신사참배에 반대하는 운동의 요람지로서 역할을 감당하였다. 특히 이인재 목사의 활약상은 실로 대단한 것이었기에 이 책을 통해서 역사의 뒤안길에서 그가 펼친 신앙의 투사로서의 모습들을 살펴보려고 하는 것이다.

그리고 다시는 조영남씨와 같은 실수를 저지르는 어리석은 사람이 나오지 않기를 바란다. 또한 고이즈미 준이치 총리와 같이 일본의 과거역사를 반성하지 않고 망령되이 행하는 일본 지도자들도 나타나지 않기를 바라는 바이다.

특 집

■역사의 뒤안길, 자랑스런 밀양인

일제강점기, 신사참배 반대운동가 출옥성도 이인재 전도사

2. 이인재의 유년시절과 학문의 길

밀양신문

편집자 주. 이글은 지난 2005년 5월 30일자 밀양신문에 기고되었던 『역사의 뒤안길, 자랑스러운 밀양인. 신사참배반대운동가 이인재 전도사, 첫 번째 글』에 실린 원고입니다. 따라서 투고될 당시 상황에서 적은 글이므로 다소 시사성이 떨어져 보일수도 있습니다. 이점 양지해 주시기 바랍니다.

제 1 부

이인재, 그는 누구인가?

제 1 장

유년시절과 학문의 길

1. 그의 출생과 가문

일제 말엽, 신사참배 반대운동으로 투쟁하다가 검속되어 평양형무소에서 5년 4개월동안 옥고(獄苦)를 치루고 해방과 함께 1945년 8월 17일 출옥(出獄)하게 된 이인재.

그는 조선(朝鮮)이 국권(國權)을 잃어가던 1906년 1월 4일, 경남 밀양군 상남면 마산리 779번지에서 출생하였다. 그는 전주 이씨(李氏)로서 낙주재 명례리에 12대째 살고있는 양갓집 자손 선친 이강환씨와 부인은 경주 최씨인 최순명씨의 6남 4녀 중 아들로는 맏이로 태어났다.

그의 어머니는 현처효부(賢妻孝婦)로 동네 사람들에게 칭찬을 받는 모범 여성이었다.

인재(仁宰)를 잉태할 때 어머니는 하늘에서 용마(龍馬)가 내려오는 꿈을 꾸었다고 한다. 첫 아들이기도 하지만 그런 연고도 있고하여 어머니는 아들에 대해 관심이 지극하였다. 필시 하늘의 뜻이 있을 것으로 여겼던 것이다.

인재는 유독 할아버지의 사랑을 많이 받았다. 할아버지는 인재를 늘 가까이 하였다.

인재가 말을 하고 자신의 의사를 표시할 때쯤 할아버지는 여러 가지 이야기를 들려 주었다. 민담(民譚)을 들려주신 것이 아니라 역사(歷史)를 이야기하셨다. 그 역사란 집안 이야기였다. 자신의 조상들의 이야기였다. 할아버지는 한학자(漢學者)로서 동네 사람들에게 존경을 받는 분이셨다.

마을 사람들은 할아버지를 접장님이라고 불렀다.

"이 접장(接長)님, 이 접장님!" 하고 마을 사람들은 할아버지를 우대하였다. 할아버지는 우리나라 역사에 대해서 박식하였다.

할아버지는 인재를 향하여 자주 이런 말을 하였다.

"인재야, 너는 효령대군의 손자이니라. 그러니 다른 아이들과는 신분이 다르다."

효령대군(孝寧大君)은 태종대왕(太宗大王)의 둘째 아들로 세종대왕의 형이며 양녕대군의 아우가 되는 분이었다. 그 효령대군의 후손 가운데 한 분이 뒷날 경남 밀양으로 낙향하여 살았는데 그 분은 나라에서 낙주제란 칭호를 받은 분이라 하였다. 그 분의 자손들이 밀양을 중심하여 김해 등지로 이주하며 살았다. 그리하여 지금의 밀양과 김해에 그 후손들이 늘어나 이씨(李氏) 성이 많아진 것이

1969년, 밀양 마산리 마을의 모습이다.

었다. 지금도 낙주제의 무덤이 김해군 상동면에 있어 해마다 그 후손들이 한차례 모여 묘사(墓祀)를 지내고 있다고 한다.

할아버지는 인재에게 가문(家門)의 긍지를 심어 주었다. 인재는 할아버지의 이야기를 들으면서 자신은 왕족의 후예라는 자부심을 갖고 자라났다.

2. 유년 시절

인재가 다섯 살이 될 무렵부터 할아버지는 집에서 한문 공부를 시켰다. 천자문(千字文)을 가르치는 것이었다.

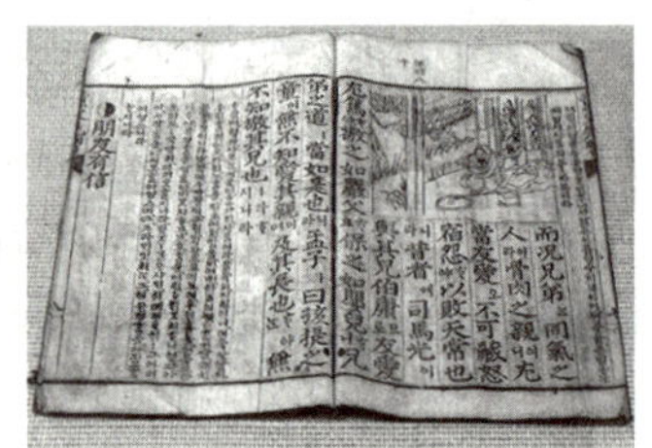

동몽선습(童蒙先習)

어려서부터 세상에서 도덕군자로 통하던 할아버지로부터 인재는 한자뿐 아니라 인간수업을 받았다.

천자문을 다 배우고는 명심보감(明心寶鑑)과 동몽선습(童蒙先習)을 배웠다. 동몽선습이란 조선 중종 때 학자 박세무(朴世茂)가 엮은 책으로《천자문》을 익히고 난 후의 학동들이 배우는 초급교재였다. 먼저 부자유친(父子有親)·군신유의(君臣有義)·부부유별(夫婦有別)·장유유서(長幼有序)·붕우유신(朋友有信)의 오륜(五倫)이 나와있고, 이어 중국의 삼황오제(三皇五帝)에서부터 명나라까지의 역대사실(歷代史實)과 한국의 단군신화에서부터 조선시대까지의 역사를 간단히 요약한 책이었다.

인재는 머리가 총명하여 어린 나이인데도 잘 이해하고 암기하였다. 7살 때 벌써 사칙통편(四則通編)을 통달(通達)하였다. 사칙통편이란 수학에 관한 것으로 더하기와 빼기 곱하기 나누기의 셈하는 법칙을 말한다.

1914년 봄. 인재는 서당에 들어갔다. 서당이름은 죽림제(竹林薺)였다. 여기에서 더욱 체계적인 한문교육을 받았다.

중국 역사책인[2]을 1권에서부터 7권까지 모두 통달하였다. 대학, 중용, 논어를 막힘이 없이 다 익혔다.

그러나 이때는 일제의 통치가 시작되어 나라는 일제가 이끌고 있었기에 그가 배우고 익힌 학문이 소용이 없었다. 일제가 들어서지 않았다면 과거(科擧)에 나갈 수도 있었고 급제가 되면 벼슬길이 열릴 수도 있었다.

그러나 시국(時局)이 달라졌기 때문에 한문공부만으로는 별 쓰일 곳이 없었다. 청운(靑雲)의 꿈이 무산되자 실의에 빠지게 되었다.

3. 신학문의 길

이인재는 좋지 못한 시대에 태어났기에 어려서 많은 학문을 접하였지만 출세의 길을 얻지 못하였다. 책을 손에서 놓고 가사를 도우며 이리저리 방황하였다.

그러던 중 신학문을 알아야 하겠다는 생각을 하게 되었고 마침 이웃 면소재지에 공립 보통학교가 서게 된다는 소식을 들었다. 6년

2) 중국 북송(北宋) 때 사마광(司馬光)이 지은 통사적(通史的) 사서(史書). 영종(英宗)의 칙령을 받고 1065년 편집에 착수한 뒤 19년만에 완성하여 1084년 신종(神宗)에게 헌정했다.

제 소학교였다.

1922년 3월. 그 소학교를 찾아가 입학원서를 내었으나 입학이 허락되지 않았다. 그 이유는 연령이 너무 높다는 이유였다. 당시 인재의 나이는 16세였다. 8세에 1학년에 입학이 되는데 16세니 입학이 허락될 리 없었다.

인재는 여러 차례 교장을 찾아가 입학을 허락해 달라 했지만 소용이 없었다. 일본사람인 교장은 원리원칙만 따졌다. 그러니 보통소학교 입학은 포기할 수밖에 없었다. 일본사람인 교장을 대하면서 조선사람을 멸시하고 천시하는 것을 너무도 실감하였다.

1923년, 기산에 시립강습소가 생겼다. 6년 학제였다. 이 곳에는 나이를 상관하지 않았다. 인재는 입학을 하였다. 수업을 하다보니 너무 쉬워서 노는 것 같았다. 다 아는 것이었고 너무나 수준이하였다. 월반제도(越班制度)가 있어서 응하였다. 월반에 월반을 해서 그는 6년 과정을 1년 6개월만에 마쳐 졸업을 하였다. 이것은 그가 이미 배운 여러 가지 학문이 그를 월반하게 하였겠지만 그보다는 그의 머리가 명석(明晳)했다는 것을 의미하는 것이기도 하였다.

집에서 강습소까지의 거리는 십오리길이었다. 1년 6개월동안 하루도 빠지지 않고 도보로 다니며 졸업을 하였다.

진학을 해야 하겠다고 다짐하고 중학교 응시를 위한 검정고시를 치루었다. 합격이 되었다.

밀양고등농잠 중학교에 입학하였다(제1회생, 1924년 5월 6일 개교). 밀양은 그의 집이 있는 마산리에서 삼십리 거리였다. 세 시간이 소요되는 먼 길을 걸어서 통학을 하였다. 왕복 60리길은 결코 가까운 길이 아니었다. 당시 우리나라의 백성들은 찌든 가난으로 배불리 밥을 먹는 것은 고사하고 끼니조차 이어가기도 힘든 상황이었기에

인재 역시 허기진 가운데 학교를 오가야 했다. 그러나 갈 때는 괜찮은데 올 때는 배고픔으로 길에 쓰러져 아사(餓死)직전까지 가게 되었고 길손의 도움으로 구사일생한 것이 몇 번이나 되었다.

1926년 이인재는 밀양농잠학교를 졸업하였다.

제 2 장

기독교 입문과 면서기 시절

생존 그 자체가 어려웠던 일제 강점기, 하지만 결코 생존을 위해서 현실과 타협하며 살지 않았던 이인재. 그의 끊임없는 학구열과 기독교 신앙의 입문은 그를 새로운 삶으로 인도하였고 그것은 제2 인생 여정이었다.

1. 사춘기와 성인군자

인재가 18세가 되던 해, 그는 소년으로서 다른 여느 소년들과 마찬가지로 이성에 눈을 뜨고 있었다. 하지만 그는 어려서부터 동몽선습(童蒙先習)을 배웠고, 자라면서 사서삼경(四書三經)을 읽었기에 비록 소년이었지만 공자의 도덕훈을 배운 사람으로 자기 스스로는 도덕군자가 되었다고 생각하여 왔다. 그러기에 그는 사람들이 보는 앞에서는 점잔을 빼고 얌전하였다. 그러나 그 마음은 그러하

1938년, 4월. 마산교회 교회설립 40주년에 찍은 기념사진.
이때는 이인재가 평양신학교에 입학한 후라 그의 모습은 보이지 않는다
(1938년 3월 평양으로 이사).

지 못했다. 처녀들을 보면 마음이 움직였고 안아보고 싶은 생각도 들었다. 아무도 없는 곳에서 처녀를 만나면 공연히 처녀의 손목을 잡아보는 것이었다. 처녀가 화들짝 놀라 달아나면 멀거니 바라다 보고 서 있었다. 그런 일이 한 두 번이 아니었다, 그럴 때마다 그는 스스로 자문하였다. 이것은 군자가 할 일이 아니다. 그런데 왜 나는 그런 것을 하는가? 아직 군자가 되지 못해서 그런가? 아니면 인간에게는 도덕적인 힘만으로는 어쩔 수 없는 연약함이 있는 것일까? 그는 고민하지 않을 수 없었다. 그러나 한 가지 분명한 것은 그 알 수 없는 유혹을 물리칠 힘이 자신에게는 없다는 것이었다.

2. 마산교회

그 무렵, 밀양 마산리에는 이미 교회당이 서 있었다. 인재가 살고 있던 마산리 교회는 1986년 8월경에 시작된 교회이다. 역사가 아주 깊은 교회였다. 일찍이 그곳에 살고 있던 박건선과 박윤선이라는 두 형제가 복음을 받고 예수를 믿게 되었고 이들의 자택에서 예배가 시작되었다. 이것이 마산교회의 시작이었다.

그들은 1908년 초가 삼간 한 채를 구입해서 교회당으로 개조하였다. 마산교회는 1908년 김응진 전도사가 교역자로 시무하면서 교회의 기틀을 잡아 나갔다. 손종을 하나 구입해서 새벽마다 종(鐘)을 쳤다. 주일 낮과 밤, 수요일 밤 예배 시간에도 종으로 시작을 알리었다.

어느 주일이었다. 인재는 교회당 옆을 지나고 있었다. 그때 마침 교회당에서 종치는 소리가 들렸다. 창문 밖으로 손종을 심하게 흔드는 것이었다. 작은 마을에 종소리가 진동하였다. 그 소리를 듣고 교인들이 모여들기 시작하였다.

인재는 호기심이 생겨 교회당 주변을 서성거렸다. 교회당은 초가 삼간의 방 세칸으로 되어 있었다. 두 칸은 벽을 터서 남자들이 앉았고, 한 칸은 벽을 남겨 둔 채였다. 그 쪽에는 여자들이 앉아 있었다. 벽으로 남녀석을 구분한 것이다. 이렇게 한 것은 예수를 믿지만 아직 남녀칠세 부동석하던 관습이 생활에 배어있었던 때였으므로 어쩔 수 없는 일이었다.

설교를 하는 강대상은 비둘기집 같은 판자통을 각목 네 개로 받쳐놓고 있는 모양이었다. 그 앞에서 두루마기를 입은 남자가 예배를 인도하였다.

그 모습을 본 인재는 웃음이 나왔다.

'저게 무언고?'

그리고 모여 있는 무리 중에는 가난하고 무식한 사람들이 많았다.

그런데 남녀가 함께 노래를 부르는 것이었다. 인재는 그 모습을 보면서 속으로 욕하였다.

'세상에 남녀가 예의도 없이 함께 노래를 부르다니 순전히 상놈들이야.'

인재의 마음 속 깊이 뿌리 내려있는 남녀 부동석이라는 관행이 이 광경을 비웃고 있는 것이었다.

원래 인재가 살고 있던 마산리는 양반 동네가 아니었다. 이곳은 역마(驛馬)를 기르고 관할하는 곳이었다. 여기에 종사하는 사람들은 상사람들이고 이러한 연유에서 마산이란 동네명이 생겼는지도 모를 일이었다.

결코 마산리는 인재 스스로 생각하기에도 자랑스러운 동네는 결코 아니었다. 하지만 그는 명색이 왕손의 후예요, 양반 중에 양반이었다. 공자의 도덕훈을 배워 도덕군자로 행세하는 처지였다. 인재의 조부(祖父)에게 있었던 일화다. 읍네에서 마산리로 걸쳐 외산리라고 하는 동네로 어떤 부자가 말을 타고 달려가고 있었다. 인재의 조부는 왕손의 긍지가 가득하신 분이었다. 마산리 입구로 말을 타고 지나가는 이 부자에게 호통을 쳐서 기어코 말에서 내려 마산리를 지나가게 했다는 것이었다. 이만큼 인재의 가문은 자긍심이 대단하였다. 인재의 모친도 시집올 때 몸 종 둘을 거느렸을 정도였다.

그런 가문의 의식 속에 자란 인재가 예수를 믿게 된다는 것은 있을 수 없는 일이었다. 한마디로 기적이라고나 할까?

3. 기독교 입문

그런 그가 교회당에 한번 발을 디딘 이후로 그만 마음이 교회로 쏠리고 말았다. 그 다음 주일에 또 교회당에 간 것이다. 밖에서 보니 예배가 시작되었는데 예배를 인도하는 사람을 자세히보니 그가 잘 아는 사람이었다. 밀양박씨 문중의 사람이었다.

이름이 박수민(朴秀敏)이었고 교회에서는 영수(領袖)라 했다. 박수민 영수는 양반 출신이었다. 모든 생활면에서 모범스러웠다.

도덕군자를 자처하는 자기나 아버지 또는 할아버지에 비하여 조금도 모자람이 없는 분이었다. 어쩌면 인재는 그들보다 훨씬 훌륭한 양반으로 박수민 영수를 생각했는지도 모른다.

그분이 예배를 인도하고 있었다. 예수 믿는 사람들을 상놈이라 하며 우습게만 볼 처지가 아니었다. 교회당 안에 모인 사람들 중에는 상놈도 많았지만 양반도 적지 않았다.

인재는 자기도 모르는 순간에 교회당 안으로 들어가고 있었다. 뒷자리에 앉아서 예배드리는 모습을 심각히 관찰하였다. 박수민 영수가 전하는 말씀도 공자의 가르침 못지 않았다. 새롭고 지금껏 들어보지 못한 교훈이 있음을 알게 되었다.

그 날 예배 후 교회에서는 인재를 환영하였고 그에게 책 한권을 선물로 주었다. 그것은 한 쪽 거죽이 떨어져 나간 국한문 성경책이었다. 교회에서 그에게 국한문성경책을 준 데는 이유가 있었다. 인재는 그 동네에서 한문을 제일 많이 알기로 소문 난 사람이었다. 마을 사람들이 그를 부를 때 이름 대신에 '서당총각' 이라 부른 이유가 여기 있었다.

박수민 영수는 이인재의 출현을 놀랍게 생각하며 관심을 기울였다. 인재는 비록 한 쪽 거죽이 없는 성경이었지만 그것이 책이었기 때문에 대단히 기뻤다.

인재는 성경책을 좋은 선물로 여기고 소중히 간직하였다. 그리고 집에 돌아와서는 열심히 읽었다. 그는 한글은 조금 서툴렀지만 한문은 자신이 있었다. 복음서를 읽으면서 사서삼경에서는 찾아볼 수 없었던 살아있는 교훈을 접하였다. 그는 성경에 취미를 붙여 교회 출석에 열심을 내었다.

4. 공무원이 되어

인재는 밤에는 야학교(夜學校)를 열어 글을 배우러 오는 사람들에게 한문과 한글을 가르쳤다. 학교에서 배운 것을 복습하는 의미도 되고 또 마을 사람들의 눈을 띄운다는 의미에서 열심히 가르쳤다. 마을을 위해서 무언가 좋은 일을 하고 싶었다. 낮에는 학교에 나가면서 저녁에 야학에서 늦게까지 글을 가르치는 일은 쉬운 것이 아니었다. 그러나 인재는 그것을 보람으로 여기며 최선을 다했다.

1926년, 이인재는 밀양농잠학교를 졸업하였다. 진학을 해서 더 공부를 하고 싶었다.

그러나 그의 가정형편은 그렇지 못하였다. 더 배우려면 서울로 가든지 일본으로 가든지 마을을 떠나야 했다.

하지만 가난한 그에게는 그렇게 할 수 있는 여건이 못되었다. 돈이 드는 일인데 그 돈을 마련할 수 있는 가정형편이 아니었다. 그러기에 그는 진학을 포기하였다. 우선 가정을 도와야 한다고 생각한 것이다.

친구들을 만나면 친구들이 그를 더 염려해 주었다.

"인재야, 너는 배운 것도 있고 머리도 좋고 하니 관공서에라도 들어 가도록 해 보거라."

"그런 곳에 쉽게 들어갈 수 있냐, 어디."

"강기수에게 한번 부탁해 보거라." 강기수는 면사무소 직원이었다.

"내가 말하기가 쑥스러워서..."

그런 인재의 말에 친구들이 대신 강기수에게 부탁을 하였다.

어느날 강기수가 인재를 만나 말했다.

"인재야, 내가 면사무소에 추천을 해 볼 것이니 이력서를 한통 만들어 다오."

고마운 일이었다. 인재는 이력서를 강기수에게 건네 주었다. 이인재는 강기수를 통하여 면사무소 서기가 되었다.

첫 월급으로 18원을 받았다. 농촌에서는 큰 돈이었다. 어려운 집안에 굉장한 보탬이 되었다. 그러나 인재의 마음은 무거웠다. 영영 진학의 꿈은 사라지고 면서기로서 여생을 마칠 것이 아닌가 하는 불안감 때문이었다.

5. 면서기 업무

인재는 잘 준비되어진 사람이었기에 면서기로서도 여러 가지 일을 맡게 되었다. 사실 그 때만 해도 면사무소의 업무가 요즈음처럼 세분화되어 있지 못한 시절이어서 한 사람이 많은 분야의 일을 맡아서 일할 수 밖에 없었다. 세무 관계며 호적관계, 산업관계의 일들을 모두 담당하게 되었다.

특히 인재는 농민들의 산업을 장려하는 일을 탁월하게 감당하였다. 당시 우리나라 농민들의 삶이란 입에 풀칠하기도 힘들 정도였다. 그저 한끼 밥만 먹을 수 있어도 다른 걱정 근심을 하지 않을 수 있었기에 상남면에서 농민들이 살 길은 땅을 가지는 일이었고, 농사 지을 수 있게 주변 여건을 조성하는 일이었다. 당시 상남면의 가장 큰 문제는 낙동강물이 범람해서 매해 여름마다 농토를 잃게 되는 일이었다. 그는 여기 저기 도움을 받아서 강둑을 쌓는 일에 전념을 하였다. 예림 뿐만 아니라 마산리에 둑을 쌓아 강물이 범람하는 것을 막을 수 있게 하였다. 사실 이일은 단순히 강둑을 막는 일 뿐만 아니라 넓은 농토를 확보하는 일이었다. 그리고 가난하고 어려움에 처한 면민들을 잘 살펴 주었고, 농민들에게 도움을 주기 위해 적극적으로 농토를 확보하고 또 나눠 주는 일에 앞장섰다.

그러는 한편 당시 상남면과 현 가곡동 사이를 잇는 예림교 착공을 계획 추진해서 준공하였다. 이 예림교 개통으로 인해 상남면에서 수확한 농산물을 밀양읍으로 나르는데 결정적인 편리함을 볼 수 있게 되었다.

이렇듯 인재는 머리가 명석하고 근면 착실해서 어떤 일이든 능률적으로 잘 감당하였다. 그러기에 면민 가운데서는 그를 모르는 사람이 없었다.

그는 면민들 뿐만 아니라 상사들에게서도 칭찬을 받는 공무원이었다.

구 예림교(오른쪽 다리), 2004년 철거

제 3 장

신앙성장의 배경

한 사람의 인물이 나타나기까지는 항상 그 주변에 영향을 준 훌륭한 인격자들이 있기 마련이다. 역사의 뒤안길에서 살펴보는 귀한 사람 이인재 뒤에도 빼놓을 수 없을만큼 귀하고 소중한 사람들이 있었다.

1. 박수민(朴秀敏) 영수

밀양마산교회의 박수민 영수는 아주 신앙이 좋은 영수이었다. 그는 뒤에 밀양마산교회의 제1대 장로가 되었지만 이인재에겐 영수로서 많은 신앙의 영향을 주었다.

인재는 박수민 영수의 설교에서 은혜를 받고 기도생활에서 많은 감동을 받았다. 박수민 영수는 오산리에 살고 있었다. 교회와의 거리가 십리나 되었지만 비가 오나 눈이 오나 바람이 부나 늘 한결같았다. 교회에 빠지는 일이 없었다. 주일 낮예배나 밤예배는 물론이고 새벽기도회까지 빠짐이 없을 정도로 그의 신앙은 철저하였다.

뒷줄 오른쪽 첫번째가 한상동 목사이고, 뒷줄 오른쪽에서 네 번째가 박수민 장로이다.

박수민 영수는 어려서부터 한학(漢學)을 공부한 사람으로 이웃에게서 도덕군자로 불릴 정도로 삶의 모습이 진지하였다. 그가 살던 오산리에는 당시 진주 강씨들이 집성촌을 이루고 살고 있었다. 어느 날 저녁 무렵 집에서 잔일을 하고 있는데 이웃집에서 노래 소리가 들려왔다. 그 이웃집에는 강춘국이라는 사람이 살고 있었는데 그 노래 곡조가 얼마나 아름다웠는지 곧장 그 집으로 달려가 그 노래가 무슨 노래인지를 물었고, 그것이 빨간 헝겊으로 표지가 되어 있는 무곡 찬송가[3] 책에 들어있는 곡 중 하나라는 사실을 알게 되었다. 그 찬송가 소리를 듣게 된 것이 밀양마산교회에 출석하는 동기가 된 것이다. 찬송이 그를 교회로 인도하는 도구가 된 셈이니 이 어찌 성령의 역사하심이 아니겠는가.

3) 1909년도에 발행된 악보가 없는 무곡 찬송가. "주의 말씀 듣고서 준행하는 자는...." 이었다고 한다.

처음으로 교회에 출석하던 날 그는 긴 담뱃대를 허리참에 차고 있었다. 당시 교회의 설립자 중 한 사람인 박윤선 영수는 이것이 얼마나 감사했던지 긴 담뱃대를 손수 받아 초가지붕으로 된 처마 밑에다 꽂아 놓고 첫 예배를 드리도록 했다. 그러나 예배를 드리던 중 박수민은 큰 감동을 받게 되었고 예배를 마치자 자신의 손으로 자신이 피우던 담뱃대를 두 동강내버렸다. 그는 그후에 진주성경학교를 졸업하고 전도사가 되어 밀양의 많은 교회를 섬기게 되었고 뒷날 장로로 장립받게 되었다.

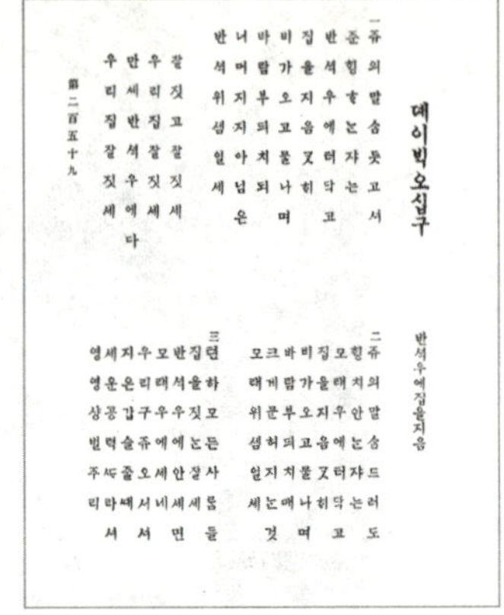
뎨이빅오십구

반셕우에집을지음

一
쥬의말숨뜻고서
준힝ᄒᆞ는쟈는
반셕우에터닥고
집을지음又히
비가오고불나며
바람부되치되
너머지지아님온
반셕위셤일세

잘짓고잘짓세
우리집잘짓세
만세반셕우에다
우리집잘짓세

第二百五十九

二
쥬의말숨드러도
힝치안는쟈는
모래우에터닥고
집을지음又히
비가오고불나며
바람부되치매
크게문허지는것
모래위셤일세

三
련하모든사롬들
집을짓는잘세
반셕우에안세면
모래우에세네
우리구쥬오서서
지온갑술졸때
세운공력ᄯᅡ라서
영영상빌주리

주의 말씀 듣고서

1938년 2월, 어느날 박장로는 이인재에게 찾아와 이런 이야기를 하였다고 한다.

"이 선생! 오늘 참으로 기쁘이! 큰 아들 평양 신학교 졸업식에 참석하기 위하여 평양으로 가는 길일세, 큰 아들이 평양신학교를 졸업하면서 졸업장 두 개를 받는다 카더라. 하나는 신학 졸업장이고 다른 하나는 헬라어 졸업장이라 안하나. 얼마나 영광스럽노! 이 선생 부디 예수 잘 믿으라이, 예수 믿어서 손해보는 사람 절대 없니라"

그 큰 아들이 바로 훗날 제일영도교회 담임목사로 목회하면서 부산 고려신학교 교수요 제3대 교장이 된 박손혁 목사이다. 그리고 박수민 장로는 박순용 장로(둘째 아들)와 박치덕 목사(셋째 아들, 고신 교단 총회장 역임), 그리고 박정덕 목사(막내, 제일영도교회 담임목사)와 같은 훌륭한 신앙의 인물들을 자녀로 두게 되는 축복을 하나님께로 받게 되었다.

2. 박윤선(朴允善) 영수[4]

가난한 농부인 박윤선 영수(領袖)는 그의 형 박건선 권찰과 함께 1896년 어느 여름날 누님으로부터 예수 그리스도를 소개받고 구주와 주님으로 영접한 밀양마산교회 설립자 형제 중 한사람이다. 그는 박수민 장로와 같은 신앙의 용사였다. 박수민 장로는 1930년 10월 5일 주일, 밀양마산교회당에서 초대 장로로 장립을 받았다. 그리고 박윤선 영수는 1930년 12월 4일 주일, 밀양마산교회 제2대 영수로 선출되었다.

박윤선 영수는 처음 이인재가 교회를 찾았을 때 양반집 자녀가 교회를 찾아오자 무척 반가워하며 그를 극진히 맞이했다. 이인재의 집에서 부르는 이름은 이주원이다.

'주원이가 우리 교회를 찾아오다니... 주원이 너무 반가우이.'

당시 마을에서 으뜸으로 꼽히는 젊은이였던 이인재를 각별하게 대하였던 것이다.

이런 환대에 이인재의 발걸음은 계속 교회로 향하게 되었고, 특별히 그의 남다른 자신에 대한 배려는 그의 신앙성장에 있어서 매우 중요한 역할을 감당하게 되었다.

박윤선 영수는 찬송을 부르는 것을 매우 좋아하였다.

그래서 그는 예배 시간이 다가오면 종종 찬송가 141장을 부르면서 구슬같은 눈물을 흘렸다.

---

4) 심군식의 「이인재의 생애와 설교」에서는 박순명(朴順命) 영수라 소개되어 있는데 이것은 오기(誤記)이다.

"왠말인가 날 위하여 주 돌아가셨나.
이 벌레같은 날 위해 큰 해 받으셨나
...늘 울어도 눈물로서 못갚을 줄 알아
몸 밖에 드릴 것 없어 이 몸 바칩니다"

박윤선 영수는 구속(救贖)의 은혜를 생각하며 감격의 눈물을 하염없이 흘리고 있었다. 그는 너무도 좋아했고, 또 그는 몇 번이고 이 찬송을 반복하여 부르면서 성령으로 충만해 있었다. 이인재는 박윤선 영수의 눈물을 보면서 주님의 사랑에 대해서 깊이 생각하게 되었고 많은 깨달음을 얻게 되었다. 이인재에게 있어서 박윤선 영수는 성령충만한 그리스도인의 생활에 대한 좋은 모델이었다.

3. 차재선(車載善) 전도사

1930년, 제6대 교역자로 차재선 전도사가 밀양마산교회에 부임하였다. 그는 아주 훌륭한 지도자였다.

차재선 전도사는 1902년 12월 18일에 경남 부산시 동래군에서 태어났다. 1925년 12월에 백영옥과 결혼하여 울산군 웅촌면에 있는 보통 공립학교에서 교편생활을 하였다.

이 무렵 하나님의 부르심을 받고 차재선은 전도사의 길로 들어섰다. 그는 문필에도 뛰어난 자질을 갖고 있어서 자주 그의 신앙을 글

---

5) 1927년 8월부터 1932년 6월까지 성결교 교단에서 발행하는 교단지 『활천(活泉)』에 설교문을 기고(寄稿)하였다.

로 표현하였다. 그의 글은 당시 기독교계의 대변지라고 할 수 있는 성결교 기관지, '활천' 지에 종종 발표되었다.[5)]

그리고 차재선 전도사는 한 때 '활천' 지의 주필로도 활동하였다. 글을 계속 발표하면서 그는 밀양마산교회의 전도사로 부임하였고 시무하는 동안 영력있는 설교로 성도들을 교훈하였다. 이인재는 차재선 전도사를 만나서 그의 신앙에 더욱 활력을 얻게 되었고, 하나님의 사람으로 더더욱 성장해 가게 되었다.

그러나 차재선 전도사는 세상에 오래 머물지 못하였고 일찍 하나님의 부르심을 받았다. 병으로 자리에 눕게 되었을때 그는 부산 사상에 있는 처가에서 요양을 했다. 그 와병 가운데서 이인재에게 보낸 편지는 이인재로 하여금 안타까움을 더하게 하였다.

그 편지는 차전도사가 임종이 가까울 때 쓴 것이었다.

"...이제 주님의 너무나도 큰 사랑이 하늘을 덮어 누르듯 내게 덮쳐옵니다. 나는 그 사랑이 너무나 크고 감격하여 견디기 어려울 지경입니다"

이인재는 차전도사의 편지를 받아 읽으면서 울었다. 너무나 안타까워 가슴을 치며 소리쳤다.

"오 하나님, 어찌하여 이런 종을 일찍이 불러가시는 것입니까? 차라리 그를 살려 주시고 나를 대신 데려 가옵소서"

차재선 전도사는 1933년 10월에 33세의 젊은 나이에 세상을 떠났다.[6)]

---

6) 그 당시 평양신학교에 입학할 준비를 하던 중 하나님의 부르심을 받게 되었다. 그가 전도사로 헌신 세월은 10년에 미치지 못하는 짧은 기간이었다. 하지만 그는 다른 이가 100년을 살아도 미칠 수 없는 사랑과 충성을 다하는 삶을 살고 갔다. *참고: 고 차재선 전도사 유고집, 김경래 엮음『하늘이냐 땅이냐』(보이스사, 1992.11.15), p.13.

짧은 차 전도사와의 만남이었지만 이인재에게는 잊을 수 없을 만큼 귀한 만남이었고 평생 그의 신앙과 생각을 지배할만한 귀한 지도자로서 기억되었다.

4. 신앙서적들

이인재는 책을 좋아하였다. 그는 성령충만한 좋은 사람들과 가까이 했을 뿐만 아니라 좋은 신앙서적들을 접하면서 더욱 신앙이 자라게 되었다.

책을 구하기가 하늘의 별따기보다 어렵다고 할 그런 시기였다. 그러나 당시 밀양마산교회는 호주장로회 소속의 선교사로 파송되어온 예원배 목사와 안다손 목사가 당회장으로 배정되어 1년에 한두 차례 순회 방문을 하였다. 이인재는 이 두 선교사를 통해서 일본의 아오기도 지로(靑木燈郞) 목사가 개인적으로 발행하던 잡지 『신앙생활』를 받아보았다. 이 잡지를 계속 읽는 중에 큰 은혜를 받았다.

일본에서 선교하던 영국인 박스톤 목사의 저술인 「요한복음」, 「사도행전」 강해집과 설교집도 구하여 읽을 수 있었다. 그 책들은 신앙생활에 많은 도움을 주었다.

일본 최고의 기독교사상가였던 우찌무라 간조(內村鑑三)의 저서들도 구입하여 읽었다. 그 책들은 기독교인 진리를 이해하는데 큰 도움이 되었다. 이러한 서적들이 이인재의 신앙향상에 크게 유익이 되었다.

5. 교회당 건축과 물질적 은혜

이인재가 섬기던 밀양 마산교회에 교인들의 수가 점점 늘어났다. 그러자 새롭게 교회당을 건축해야 한다는 소리가 높아졌다. 이 무렵 이인재의 집은 빚이 많아서 적잖게 어려움을 겪고 있었다.

그러나 이인재는 교회당 건축을 우선적으로 해야 한다고 생각하고 이 일에 앞장섰다. 그리하여 23평의 목조 건물을 세우는데 헌신했다.

1931년 6월 7일 주일, 오전 10시, 교회당 헌당예배를 드렸다.

한익동(韓翼東) 목사는 마태복음 17장 1절에서 8절까지 말씀을 봉독한 후 "변화산과 세상에 있는 교회"라는 제목으로 설교를 하였고 안다손 목사의 축도로 예배를 마쳤다.

밀양 마산교회 성도들은 크게 감격하였다.

이 일로 하나님께서는 이인재에게도 많은 물질적 복을 주셨다.

밀양 마산리 동네 앞은 벌판이었다. 그 옆을 강이 흘렀다. 이 강은 낙동강으로 흘러들어가는 강줄기였다.

비가 많이 내리면 강물이 범람하여 보리농사를 망치게 하였다. 물이 들 때마다 이것은 큰 문제로 대두되었고 이 강은 농민들에게 근심을 안겨주는 것이었다.

이 무렵 낙동강 물의 범람을 막기 위해서 제방을 쌓고 토지를 확보하는 농지 개량공사가 시작되었다. 이때 상남면사무소에서 산업계를 맡아 있던 이인재가 이일을 주도하였다. 큰 일이었지만 명석한 그는 주도면밀하게 일을 추진하였다. 이 공사로 많은 농지가 확보되었고 많은 사람들이 자신의 토지를 매입할 수 있게 되었다. 이인재 자신도 제방 취토장의 땅 2만 여평을 매입하였다.

당시 상당한 액수의 돈이 필요하였다. 이인재 자신에게는 돈이 없었다. 마침 친한 친구에게 자신의 사정을 이야기하였다. 그 친구는 일본인 척산회사를 통하여서 융자금을 얻어주었다. 그 돈으로 그 땅을 매수하였다. 하지만 이 땅의 대부분이 자갈과 모래였다. 그는 자갈과 모래를 옮기는 작업에 착수하였고 얼마되지 않아 그 땅 2만 여평을 모두 논밭을 만드는데 성공하였다. 그래서 해마다 300여섬의 추수를 할 수 있게 되었고 자신이 빌린 융자금을 갚아 나갈 수 있게 되었다.

이 일은 결국 하나님께서 먼 미래를 위해서 준비하신 일이었다. 일제 말엽, 신사참배 반대로 그가 투옥되었지만 그 땅 덕분에 부모 형제들은 농사를 할 수 있었고 생계의 어려움을 덜수 있게 되었다.

제 4 장

신사참배 반대와 갈등

1. 이 집사

이인재는 교회생활을 열심히 하면서 면서기로서도 충실히 공무원의 직책을 수행하였다.

그는 1930년 12월 4일, 밀양마산교회의 초대 집사로 부인 신상이와 함께 부부가 나란이 선출되었다. 그래서 그의 직함은 이서기보다는 이집사로 많이 알려졌다. 새벽기도회에도 빠지지 않고 나갔다. 면서기는 부업이고 교회 집사가 본업이라고 할 정도로 열심이었다. 교회에 찾아오는 손님은 그가 대접하였다.

그의 부친은 그가 너무 교회생활에 열심을 쏟기 때문에 걱정이 되어 꾸짖기가 일쑤였다.

"너는 공무원으로 공무에 충성하여야지, 쓸데없이 너무 교회 일에 열심을 내는거 아이가?"

그때마다 이인재 집사는 공손히 대답하였다.

일제말 신도 참배광경

"아닙니다. 아버지, 언제나 교회 일이 우선이고 면서기 일은 그 다음이어야합니다. 그 이유는 하나님의 은혜를 받은 사람은 그런 사람답게 살아야 하기 때문입니다. 세상 일은 잠깐이요, 하나님의 일은 영원합니다."

2. 이 서기

그는 면사무소에 가서 서기 일을 볼 땐 서기로서 열심히 일을 잘 처리했다. 어려운 사람들을 도우는 데에는 언제나 앞장섰다. 과부나 어려움에 처한 가난한 사람들을 자기 집안 사람처럼 친절히 보살피며 편의를 보아 주었다.

어느 추운 겨울이었다. 그 날은 유독 바람이 불고 날씨가 추웠다.

그는 걸어서 면사무소로 가고 있었다. 길가에 한 거지가 앉아 오들오들 떨고 있는 것이었다. 그는 그 광경을 보고 그냥 지나칠 수가 없었다.

입고 있던 오바 코트를 벗었다. 그리고 그것을 그 걸인들에게 둘러주었다.

"날씨가 추우니 입으시오."

걸인은 너무나 놀라며 믿기지 않은듯 그를 바라보는 것이었다.

"가지세요. 나는 괜찮아요."

그에게도 하나뿐인 오바코트였다. 그러나 그것을 벗어 준 것이었다.

그는 면에서 수석서기의 자리에 올랐다. 곧 면장 자리가 그를 기다리고 있었다.

3. 문제 발생

그러나 문제가 생겼다. 그것은 신사참배 문제였다. 1935년부터 신사참배를 학교나 공공기관에서 실시하라는 지시가 하달(下達) 되었다. 학교학생들에게 의무적으로 시행하도록 공무원들에게도 이행지시를 하달한 것이다

신사참배는 일본 개국신 아마데라스 오미까미(天照大神)를 비롯한 역대 천황이나 무사들, 순국 군인의 영(靈)을 숭배하기 위하여 신사를 짓고 그 앞에 참배하는 것이었다.

기독교계의 많은 반대가 있었지만 결국 반대하는 인사들을 구금(拘禁) 처리하면서 강하게 밀어 부쳤다.

시국은 점점 암울해지기 시작하였고 1937년에 와서는 누구나 신

사참배하지 않고는 배길 수 없었다. 면사무소 직원이면 당연히 신사참배를 해야만 했다. 이것이 문제였다. 이인재 집사는 자신은 신앙 양심상 할 수 없는 일이라고 마음에 단안을 내렸다. 성경 말씀을 생명처럼 여기며 살아가는 기독교인으로서 천지를 주관하시고 민족의 흥망성쇠(興亡盛衰)를 주관하시는 하나님 앞에서 신사와 같은 우상숭배는 자손만대에 화(禍)를 자초할 일이 뻔한 일인줄 알면서 어찌 그것을 알고도 신사 앞에 절할 수 있다는 말인가? 그에게는 있을 수 없는 일이었다.

4. 면서기직 사임

결심을 하고 이인재는 13년간 최선을 다해 섬겼던 면서기직을 미련없이 던져 버렸다. 그가 면서기직을 사직하기 위해서 사표를 제출했을 때 그는 밀양경찰서로 불려가 하루 종일 갖은 술수(術數)로 회유(懷柔)를 받게 되었다. 일본 순사는 그에게 다시 공무원으로 일하게 되면 면장직을 주겠다고 했다. 사실이지 그 당시에는 면서기로 15년간 연속으로 근무하면 면장 자격이 주어졌는데 그때가 승진을 눈앞에 둔 시점이기도 하였다. 그리고 온 집안 어른들이 벌떼처럼 일어나 인재의 면서기직 사표 제출에 반대했다.

인재는 기로(岐路)에 서게 되었다. 그에게는 큰 시험이 아닐 수 없었다. 면장이 되면 큰 명예와 함께 그 지방의 유지가 되는 것이었다. 또한 생활도 보장이 되었다. 큰 아이가 10살이나 되었고 인재의 나이도 이제 33살이었으니 어찌 망설여지지 않을 수 있을까?

그러나 그는 기도하면서 큰 결심을 하게 되었다.

"순간을 위하여 살지 말고 영원을 위하여 살아야 한다"

그는 결론을 내린 것이었다. 그는 미련없이 수석 면서기직을 떠났다.

그리고 신학(神學)을 해야 한다고 결심하고 신학교 입학을 준비하였다. 그러나 어디서부터 또 어떻게 준비해야 할 것인지 엄두가 나지 않았다.

조선예수교장로회신학교 전경

제 2 부

평양신학교 입학과 신사참배 반대 운동 시절

제 5 장

조선예수교장로교신학교 입학

1. 평양신학교 응시

1938년 3월. 이인재는 평양으로 갔다.

당시 조선에는 평양에 조선예수교장로교신학교가 있었다. 사람들은 그냥 쉽게 평양신학교라 불렀다. 이인재는 평양에 들러서 신학교 입학을 위해서 필요한 입학원서와 여러 가지 시험에 응시(凝視)하는데 필요한 것을 구입하고 준비하였다.

3주간의 짧은 기간 동안 공부를 하였다. 영어, 수학, 세계지리, 세계사 등을 공부하고 시험을 치루었다.

이 때는 시대적 이유 때문인지 응시자가 많았다. 알아보니 거의 이인재 집사와 비슷한 형편의 사람들이었다. 신사참배 문제로 공무원직에서 물러나 신학교로 들어오는 사람들이 많았다. 이 때가 평양신학교로서는 최다의 응시자를 맞은 때였다. 그러나 합격자 수는 제한되어 있었으므로 경쟁률이 높았다. 그런 형편에서 합격이 되었으

조선예수교장로회신학교(평양) 전경

니 감개가 무량했다. 앞으로의 험난한 과정을 생각하면 어두운 면도 많았지만 이 일은 그가 그토록 하고 싶었던 학문 탐구의 길이요, 또 하나님의 부르심에 대한 분명한 응답이었기 때문에 가슴 뿌듯한 자부심이 느껴졌다. 드디어 1938년 4월에 평양 장로교신학교에 입학하였다. 당시 평양신학교는 조선 유일의 기독교 인재 양성소였다.

2. 주기철 목사와의 만남

이인재는 평양에서 신학교에 다니면서 매주일 당시 평양의 대표적인 교회인 산정현 교회에 출석하였다. 당시 산정현 교회의 담임목사는 주기철 목사였다.

산정현 교회는 일제 시대 때 일본귀신 앞에 절하는 것을 거부함으로 인해 수 많은 탄압과 희생을 겪으면서도 거기에 굴하지 않고 끝까지 신앙의 정절과 한국기독교 역사의 맥을 이어 온 대표적 교회이다.

산정현교회에는 민족의 거두(巨頭)라고 할만한 수다한 인물들이 모여 있었다. '한국의 간디' 로 통하는 고당 조만식 장로, 유계준 장로, 김동원 장로와 같은 비범한 인물들이 산정현교회에 출석하고 있었고 산정현교회는 민족의 대표적 교회로 자리매김하고 있었다.

1928년에는 당시 산정현 교회를 맡고 있던 당회장 강규찬 목사가 연로(年老)함으로 인해 한국 기독교 신학의 뿌리라고 할 수 있는 박형룡(朴亨龍)박사는 미국에서 돌아온 후 전도사로 후에는 부목사로 취임하여 담임목사를 보필하였다. 그러다가 1930년 9월, 박형룡 박사는 평양신학교 교수로 전임하여 갔다. 그후 1936년 그는 임시당회장의 자격으로 당회를 열고 주기철 목사를 담임목사로 청빙할 것을 결의하였고, 동년 8월에 주기철 목사를 담임목사로 청빙하였다. 주기철 목사는 평양신학교 제19회 전기(1925년) 졸업생으로 그는 산정현 교회에 부임하여 8년 간 시무하였다.

주기철 목사는 1925년 12월 22일, 평양신학교를 제19회로 졸업하여 1926년 1월에 부산 초량교회를 첫 목회지로 하여 시무하였으며, 1931년 8월에 마산문창교회로 임지를 옮겼다가 1936년 7월에 평양산정현교회로 부임한 것이다. 오산학교의 은사(恩師)이기도 했던 조만식 장로는 직접 마산으로 내려가 자신의 제자였던 주기철 목사를 자신이 섬기던 교회의 담임목사로 모셔왔다. 때는 바야흐로 평안남도 지사였던 야스다께가 기독교 학교에 대해 신사참배를 강요한 이듬해이어서 주목사는 이미 일제와의 투쟁을 각오하고 평양성에 들어섰다. 그로 인해서 산정현교회는 민족주의 교회의 총본산으로 더욱 무장하게 되었는데 신앙 진리의 사수(死守)를 위하여 한국 교회가 크게 단합하는 구심점 역할을 담당하게 되었다.

주기철 목사가 부임한 다음 해인 1937년 3월 7일, 당회와 제직회에서 새로운 예배당 건축안을 결의하고 그해 9월 5일, 250평의 새 교회당을 완공하여 입당예배를 드렸다. 이때 주기철 목사는 설교를 통해 이 교회는 일본 우상에 대항하며 절대로 신사참배를 아니할 것이라고 선언하였다. 당시 일제는 교회당 안에 일본 국기(國旗)를 달게 하였고 일본 귀신이 들어 있는 가미다나(神棚)를 벽에 걸도록 강요하였다. 주기철 목사는 이 강단에 어떠한 간판도 달지 못하며 못자국 하나도 낼 수 없다고 교회당의 절대 신성(神聖)을 강조하였다.

1938년 2월 8일, 산정현교회 헌당식(獻堂式)이 거행된 지 얼마 후에 주목사는 경찰에 검거되었다. 평북노회가 신사참배를 가결하게 되었고 이에 흥분한 평양신학교 학생 김일선이 평북노회장의 기념식수를 도끼로 찍어 버린 사건이 발생하였는데, 주기철 목사는 이 일의 배후로 지목되어 1938년 4월에 검거되었다.

주목사는 얼마 후 석방되기는 하였다. 바로 이때에 이인재는 평양으로 이사를 갔고 평양신학교를 입학하게 되어 주일마다 산정현교회에서 예배를 드리게 되었다.

주기철 목사의 설교는 이인재의 가슴에 뜨거운 불씨로 작용하게 되었다. 하지만 신사참배의 문제는 점차 심각한 국면으로 접어 들고 있었다.

산정현 교회에서 주기철 목사의 설교는 신사참배는 어떠한 경우에도 해서 안된다는 것이었다. 절대로 용납할 수 없다고 강조하였다.

산정현교회당 신관(왼편)과 구관(오른편),
원안의 사람이 바로 주기철 목사이다.

이인재는 예배 후에 주목사를 만나 신사참배 문제에 대해 많은 이야기를 나누었다. 주목사는 젊은 전도사인 인재에게 신사참배가 왜 잘못된 것인가에 대해 친절히 가르쳐 주었다.

제 6 장

신사참배 반대운동

1. 신사참배의 강요

일제의 36년간 식민지배가운데 신사참배 강요는 그들이 한국교회를 괴롭혀온 마지막 수단이었고 가장 견디기 어려운 박해였다. 1935년 11월 14일, 당시 평안남도 도지사였던 야스다께는 자신의 집무실에 평남도내 각급 사립학교는 물론 기독교에서 운영하는 학교의 교장도 참석하는 회의를 주재하였다. 이 자리에서 도지사는 심각한 표정으로 평양 신사 참배를 강요하는 명령을 내렸다. 이때 60일간의 유예 기간을 주어 신사참배를 강요했는데, 이 소용돌이 속에서 대다수의 학교들이 일제의 강요에 굴복하여 평남도지사를 찾아가 신사참배할 뜻을 전했다. 종교단체들도 마찬가지였다. 안식교를 비롯해서 대다수 종교단체들과 일부 기독교 교단들도 신사참배를 가결했고, 이에 굴복하였다. 천주교도 1936년 5월 25일 교황 비오

(Pius) 12세가 "신사참배는 종교적 행사가 아니고 애국적 행사이므로 이를 허용한다" 고 밝힘으로, 이를 기점으로 신사참배를 하게 되었다. 이러한 가운데서도 한국 기독교 교파가운데서 최대 교파였던 장로교회는 이에 대해 완강히 반대하였다. 일이 이렇게 진행되자 일제는 1938년 2월 아래와 같은 시정 방침을 전 한국교회에 시달했다.

1. 시국 인식의 철저를 위해 기독교 교역자 좌담회를 개최하여 지도 계몽에 힘쓸 것.
2. 시국 인식의 철저를 위한 지도
   1) 교회당내 국기 게양탑을 건설할 것.
   2) 기독교의 국기 경례, 동방 요배, 국가 봉창 황국신민 서사 제창을 실시할 것.
   3) 서력 연호의 사용을 삼갈 것.
3. 찬송가, 기도문, 설교에 있어서 내용이 불온한 것을 엄중 제재할 것.
4. 당국의 지도에 따르지 않는 신자는 법적 조치를 취할 것.
5. 국체에 맞는 기독교의 신 건설은 이를 적극 원조할 것.

이와 같은 시정 방침이 시달되자 대부분의 교회는 반발하였으나 일제의 강요는 도를 더해갔다. 후에는 일제의 정책에 부합되지 않는 찬송도 부르지 못하게 하였다. 그래서 "피난처있으니 환란을 당한 자 이리오라" 는 찬송을 위시해서 몇몇 찬송 가사에는 먹칠을 해서 부르지 않았고, 교회 마당에는 국기 게양대를 세우는가 하

태양신과 싸운 사람

면, 동방 요배와 신사 참배를 하는 한편 심지어 예배당 안에 가미다나를 설치하기도 했다.

그러나 탄압의 도가 더해질수록 완강히 반대하는 자는 한국내 최대 교파인 장로교였다.

일제는 이를 미리 짐작하고 용의주도한 계획을 세웠다. 즉 1938년 9월에 있을 총회를 대비하여 각 노회별로 신사참배 결정을 적극 강요한 것이다.

주기철 목사가 속한 경남노회는 이에 1930년대초부터 신사참배 반대 요구나 강요를 거부하는 분위기가 강했다.

하지만 일제의 집요한 공작으로 1938년 9월 총회 전에 전국 23개 노회 중 17개 노회에서는 신사참배 찬성을 가결시켰고, 같은 해 9월 10일 평양 서문밖 교회당에서 개최된 제27차 조선장로교 총회에서 총회장 홍택기 목사는 수백명 일본 경찰의 위압 하에 떨리는 목소리로 가(可)만 묻고 부(否)는 묻지도 않은 채 신사참배안을 만장일치 가결이라고 선언하고 말았다.

1938년 9월, 제27회 조선예수교장로회 총회에서 일제의 강압에 의해 신사참배 안이 가결되었으나 투옥되어 있던 주기철목사와 산정현교회 교인들은 신사참배 반대 의지를 굽히지 않았다. 이들은 교회가 패쇄되고 순교를 당하면서까지도 뜻을 굽히지 않았다.

2. 평양신학교의 폐교

참으로 힘들게 평양으로 이사와서 장로교신학교 입학을 했던 이인재는 밀양에서와 똑같은 신사참배 반대로 인해 1학기 수업만 받고 2학기 수업에는 아예 참여도 하지 못한 채 자신의 꿈을 접어야 하는 상황에 부딪히게 되었다.

얼마나 힘들게 내린 결정이었던가? 공무원에 대한 신사참배 강요를 피해 평양으로 왔는데 더 큰 문제의 중심에 서게 된 이인재는 이제 피할래야 피할 수도 없는 아주 중요한 시대적 시련에 직면하게 된 것이다.

인재가 입학을 하게 된 평양신학교는 당시 한국을 대표하는 신학교였다. 이 학교는 1901년에 개교해서 1907년에 제1회 졸업생을 배출하였는데 1938년 1학기를 끝으로 신사참배 거부로 폐교(閉校)를 당하게 되었다.[1] 그러니까 이인재는 평양 장로교신학교의 마지막 배를 탄 셈이었다.

1938년, 신사참배를 강요하는 일제의 명령 시달에 평양신학교 내에서도 교수와 교수, 학생과 학생 사이에 부단한 논란이 있었다. 학생들은 서로 만나기만 하면 이 문제에 대해 걱정하며 논의를 하였다.

당시 평양신학교 교장은 라부열 박사였다. 초대 교장이었던 마포삼열 박사에 이어 1925년 10월 1일에 제2대 교장으로 취임한 이후 최대의 위기에 봉착하였으나 라부열 교장은 당당하였다. 신사참배를 거부하는 일에 조금도 흔들리지 않았다. 그러나 교수들 중에는 더러 요동(搖動)이 있었다. 몇 분의 교수들은 신사 참배 문제를 크게 생각지 않았다.

"학교를 유지하기 위해서는 어쩔 수 없지 않습니까?"

그렇게 생각하는 교수들이 있었다.

교수들의 확고한 태도가 보이지 않을 때 학생들은 흔들렸다. 대

---

1) 사실은 자진 폐교를 했다고 보아야 할 것이다.

단히 위험한 일이었다.

1938년 여름이 가까와오고 있었다. 종강일이 다가옴에 따라 신사참배 문제는 더욱 강하게 부각되어졌다.

이미 지난 봄 노회때부터 신사참배를 거부하는 목사나 장로들이 총대로 뽑히지 않았다는 소문이 있었다. 주기철 목사도 예비검속이 되어 총대가 되지 않았다.

1938년 9월 총회시에는 신사참배를 국가의식으로 받아들여져 가결될 것이란 소문도 돌고 있었다. 만일 9월 총회에서 신사참배가 가결되어지면 평양신학교는 큰 위기에 처하게 되는 것이었다.

주기철 목사가 검속되기 전 어느날 학생 기도회 시간에 설교를 한 일이 있었다. 그 때 주기철 목사는 학생들 앞에서 이런 말씀을 하였다.

"신학생 여러분, 앞으로 큰 시련이 올 것이 분명합니다. 그 때 그 시련을 이겨내기 위해서는 베드로와 같이 말만으로 '주를 버리지 않겠습니다' 고 할 것이 아니라 기도로 무장하여야 합니다. 학생 여러분은 산 속으로 들어가든지 바닷가로 나가든지 한적한 곳을 찾아가 기도하십시오. 기도의 깊은 경지에 들어가 능력을 받아야 합니다. 능력받지 않으면 실패합니다."

시국이 험악해지자 학생들은 주기철 목사의 설교를 기억하였다. 이인재도 주목사의 말씀이 하나님의 예언처럼 가슴에 와 닿았다.

1학기 종강이 되었다. 종강 예배 시간에 라부열 교장은 빌립보서 1장 6절 말씀, "...너희 속에 착한 일을 시작하신 이가 그리스도 예수의 날까지 이루실 줄을 확신하노라"를 읽고서 강하게 설교하였다.

"어떤 어려움이 와도 하나님은 살아계시기 때문에 참고 견디는 사람에게 힘과 용기를 주실 것입니다. 결단코 흔들리지 말고 넘어지

한상동 평양신학교

지 않도록 하세요. 우리 학교는 신사참배를 하면서까지 학교문을 열지 않습니다. 총회에서 신사참배를 국가의식으로 가결하여 신사참배를 할 수 있다고 한다면 우리 학교는 문을 닫습니다. 신사참배 문제가 해결되지 않으면 영원히 문을 열지 않습니다."

학기말 시험을 끝내고 집으로 돌아가는 학생들의 마음은 불안하였다.

이인재는 학우들의 후원으로 경남 함양군 휴천면에 개척교회를 세울 사명을 가지고 내려왔다.

경남 함양군 휴천면에 두 달간 머물면서 이인재는 열심히 전도하였다. 그리고 개척교회의 기초를 닦아놓은 후에 고향인 밀양 상남면으로 돌아왔다.

그때 당시 밀양마산교회는 교역자가 없었기 때문에 이인재는 고향 교회인 마산교회에 전도사로 시무하게 되었다.

우려했던대로 그해 9월 9일부터 평양 성문밖 교회당에서 모이게 된 조선 예수교장로회 제27회 총회에서는 신사참배를 하도록 가결하였다.

평양신학교는 이 일로 인하여 문을 닫게 되었고 학교로 돌아가지 못한 이인재는 교회 일에 더욱 열심을 내었다.

한상동 목사가 신사참배 반대를 하다가 마산 문창교회를 사면하고 부산에 와 있다는 소식을 들었다.

3. 한상동 목사와의 만남

순교자 주기철 목사 못지않게 귀한 하나님의 사람으로 우리는 한상동 목사(韓尙東, 1901~1976)를 생각해 보지 않을 수 없다. 일제의 간악한 탄압으로 죽어간 개혁주의 신학을 다시 부활시키며 보수 신앙의 밑거름이 된 한상동 목사는 침묵의 성자이다. 큰 나무는 바람도 세게 맞는 법, 그러나 그는 어떤 바람에도 요동치 않았다. 한목사는 1934년 평양신학교에 입학하여 1937년 졸업, 1938년 경남노회에서 목사안수를 받았고 부산 초량교회에 부임하였다. 이때는 벌써 신사참배가 강요되기 시작하여 소위 시국강연회라는 것을 개최하여 교회 지도자들에게 참배를 유도하고 있을 때였다.

1938년 3월 6일 '3대 탄식' 이라는 제목으로 설교를 했다.

"하나님이 선의(善意)로 창조한 만물을 국가가 악의(惡意)로 사용하기 때문에 모든 만물이 탄식합니다" 한목사는 신사참배 반대의 입장을 분명히 했다.

하루는 경찰에서 와달라는 통지를 받았다.

마산경찰서 서장이 한목사에게 물었다.

"당신이 신사참배를 그렇게 반대를 하니 어디 왜 신사참배를 반대하는지 그 이유를 한번 이 종이에 기록해 보시오."

한목사는 맘 속으로 간절히 기도했다.

"나와 함께 하시는 하나님, 세상 법관 앞에 설 때에 무엇을 말할까 염려하지 말라. 내가 말할 걸을 일러 주리라 약속하신 주님이시여 이제 내게 말해 주십시오."

기도하는 순간 한목사는 여섯 가지를 기록하였다.

① 십계명을 어기는 일이므로

② 나라가 망하게 될 것이이므로

③ 자신이 지옥 갈 수 밖에 없기에... 등이었다.

경찰서장은

"너 같은 놈은 신사참배 못하겠구나. 나가라!'

소리쳤다.

그렇게 해서 한목사는 집으로 돌아왔다.

하지만 그 후로부터 한목사는 교회를 사면(赦免)하라는 압력을 받게 되었다. 그리고 한목사 자신도 문창교회에 더 이상 시무를 할 수 없게 되었다. 그것은 자신이 문창교회에 계속 있으므로 자신은 물론 온교회 교인들이 갖은 핍박과 고난을 당할 것이기 때문이었다.

교회를 사면하고 나온 한목사는 마산을 떠났으나 어디 갈 곳이 딱히 없었다. 자연 발길은 부산으로 향할 수 밖에 없었다. 부산 대신동의 어떤 집에 방을 하나 얻어 가지고 지냈다. 그때는 어느 한곳도 한목사가 출석할만한 교회는 없었다. 아무데서도 그를 환영하지 않았기 때문이었다.

그래서 주일이면 산에 올라가서 홀로 예배를 드리게 되었다. 예배는 예배순서에 따라 찬송과 기도를 했고, 이어서 성경봉독과 설교를 하였다. 설교자는 한목사 자신이었고 회중은 나무들과 잡초들이었다. 설교를 마치고 찬송을 하고 축복기도를 해야 하겠는데 축복을 받을 대상인 교인들이 한사람도 없는지라 두손을 들고 산 아래 펼쳐진 동네를 보며 한국교회와 흩어져 고난당하는 하나님의 사람들을 두고 축도하였다. 정말 비장하고 또 의미심장한 축복의 기도가 아닐 수 없었다.

한목사는 1938년 10월 24일 "현 정부는 정의 및 신의(神意)에 위반한 우상인 신사참배를 강요하니 오등은 굴하지 말고 이것에 절대 참배해서는 안된다"라고 신사참배 반대 설교를 했다. 그리고 이듬해 1월, 마산문창교회에서 청빙하였기에 마산문창교회 담임목사로 부임하였다.

마산문창교회는 주기철 목사가 시무하다가 평양 산정현교회 담임목사로 부임하게 되자 그 후임으로 한목사를 청빙한 것이다. 한상동 목사는 주기철 목사 후임으로 손색이 없었다. 그의 설교는 은혜가 충만하였고, 교회 또한 늘 평온하였다. 그러나 그곳에도 일제의 신사 참배 강요가 공공연히 밀려왔다.

이렇게 해서 1년여를 부산에서 지냈다. 그리고 이때부터 한목사는 신사 참배 반대 운동에 나서게 되었다.

이인재 전도사는 가까이 밀양 예림교회를 시무하는 윤술용 전도사[7]를 자주 만났다. 윤전도사도 강한 믿음의 사람이었고, 신사참배를 반대하였다. 신앙의 교제를 나누며 피차 권면하였다.

---

7) 윤술용 전도사는 1935년~1937년까지 제7대 담임 교역자로 마산교회를 섬겼다.

이인재 전도사는 윤술용 전도사와 함께 신앙의 선배인 한상동 목사를 만났다. 이 어려운 시기에 닥쳐오는 큰 시련을 어떻게 이겨 낼까를 의논하다가 결국 사람의 힘으로는 어쩔 수 없고 하늘에서 오는 능력을 힘입어야 한다는 결론을 내렸다.

세 사람은 김해 무척산으로 올라갔다. 그 곳에서 기도하기 위해서였다. 셋은 무척산에서 며칠동안 흩어져 기도하였다.

하루는 한상동 목사가 말하였다.

"앞으로 신사참배로 인하여 한국교회가 죽어갈 것 같은데 이대로 기도만 하고 있어서는 될 일이 아닌것 같습니다. 우리가 나서서 같은 뜻을 가진 사람들을 만나고 힘을 합하여 신사참배 반대 운동을 일으켜야 할 것같습니다. 그러기 위해서는 산에 그냥 있을 것이 아니라 기도 장소를 수영 해수욕장으로 옮기도록 합시다. 그 곳에서 여러 사람을 만나 반대 운동을 구체적으로 펼쳐 나가야 할 것 같습니다."

한상동 목사의 말은 옳았다. 그렇게 해야 된다고 보았다. 이인재 전도사와 윤술용 전도사는 한목사의 말에 동의하였다.

한 더위가 기승을 부리는 1939년 7월 말경 셋은 무척산에서 내려왔다. 수영 해수욕장으로 갔다. 밤에 후미진 곳에서 모여 기도회를 가졌다.

소식을 듣고서 사람들이 모여 들었다.

조수옥 전도사가 박인순, 김현숙, 이정자 집사, 그의 딸 백영옥 집사, 배학수를 비롯한 십여명을 데리고 찾아왔다. 기도회는 여름 백사장만큼 뜨거워졌다.

한상동 목사는 함께한 그들에게 자신의 심경을 토로하였다.

"우리가 지금까지는 숨어지내며 음성적으로 신사참배 반대를 하여 왔지만 이 이후로는 기본적인 방안을 세워 적극적으로 대처합시다."

이인재 전도사가 대답하였다.

"어떤 방안이 있습니까? 말씀하십시오. 우리가 적극 따르겠습니다."

"좋아요."

그러면서 제시한 것이 4가지 방안이었다.

① 신사참배하는 교회에는 출석하지 말 것.

② 신사참배하는 목사가 집례하는 성례전에 참여하지 말 것.

③ 신사참배하는 교회에 십일조를 비롯한 각종 연보를 내지 말 것.(대신 연보는 신사참배를 반대하는 일과 교회재건운동에 쓸 것).

④ 신사참배하지 않는 교인끼리 모여 예배할 것.(특히 가정예배에 힘쓸 것)

참석한 모두는 그 안에 동의하였다. 이 방법을 전국에 알리도록 하였다.

이렇게 하여 신사참배 반대운동은 한상동 목사와 이인재 전도사를 중심하여 경남전역에 번져가게 되었다. 이인재 전도사는 밀양으로 돌아와 각 교회에 이 결의문을 전하고 그렇게 시행하도록 독려하였다.

밀양 마산교회에서는 박수민 장로가 활발히 이 일에 가담하였다. 박장로는 자신은 물론이요 그의 자녀들까지도 신사참배 안 시킬려고 해서 상남공립보통학교에서 퇴학을 당하게 했던 신앙의 투사였다. 한편 이인재 전도사는 한상동 목사가 신사참배 반대로 문창교회에서 사면을 당하고 목회를 하지 못하게 되었다는 소식을 전해 듣게 되었다. 그래서 한상동 목사를 만나 이렇게 말하였다.

"한 목사님, 내가 시무하는 밀양 마산교회로 오십시오. 우리 교회는 비록 농촌교회요, 작지만 신앙이 살아있는 교회입니다. 장로님으로부터 모든 교인들이 신사참배를 강하게 반대하고 있습니다."

"그럼 이 전도사는 어떻게 하려고?"

한상동 목사가 물었다.

"나는 평양으로 가겠습니다."

"신학교가 폐교되었는데 평양에는 무엇하러 가겠다는 것이요?"

"언제 다시 문이 열릴지 기다려 보는 것이지요. 비밀리에 평양신학교 교수를 만나 개인교습으로 신학공부도 보충해야 하고, 그리고 자녀들 교육 문제도 있고..."

"자녀들 교육이야 여기서도 시킬 수 있지 않겠소, 아직 초등학교 학생들일 터인데..."

"예, 아직 어립니다. 그러나 신사참배를 학교에서 강요하니 안되겠습니다. 주기철 목사님께 아이들 문제를 상의하였더니 그 곳엔 빈민학원이 있는데 애국지사 자녀들과 신사참배 반대하는 교역자들 자녀들이 비밀리에 공부하고 있답니다. 주목사님 아들도 그 곳에 다닌다고 하니 우리 아이들도 그 학원에 넣어야 하겠습니다."

"나는 밀양 마산교회에 가면 좋지만 이 전도사는 고생이 많겠어요."

"시대가 그런걸 어떻게 하겠습니까?"

이리하여 한상동 목사는 제9대 담임교역자로 1939년 10월 밀양 마산교회로 오게 되었고 이인재 전도사는 평양으로 떠나게 되었다. 사실 일경(日警)의 간악한 사술(邪術)로 인해 마산 문창교회를 사임한 한상동 목사를 밀양마산교회 목사로 모셔온다는 것은 그 당시로서는 엄청난 위험을 감수해야할 모험이었다. 그러나 박수민 장로와 이인재 전도사는 당당히 이 일을 추진하였고 이후 밀양마산교회는 신사참배반대 운동의 중심에 서게 되었다. 또한 숱한 핍박과 박해도 뒤따르게 되었다.

4. 평양에서의 생활

1939년 9월. 이인재 전도사는 큰 딸 이정희(李廷喜, 당시 초등 4년생)와 아들 이정빈(李廷彬, 당시 초등 1년생)을 데리고 평양으로 갔다. 당시 이인재 전도사는 평양신학교 교수님께 개인 교수를 받기 위해였고(당시 평양신학교는 신사참배 반대로 폐교 됨), 딸과 아들은 신사참배를 하지 않는 학교가 평양에 있다 하여 평양에 가게 되었다, 그리고 며칠 후에 부인과 둘째 딸 이수옥(李秀玉, 당시 미취학 어린이)이 뒤따라 평양에 가게 되었다.

평양신학교 기숙사에 방을 얻어 살게 되었다. 아이들은 신사참배하지 않는 대동학원(大同學院)이라는 빈민학원에 들어 갔다. 학원은 그야말로 빈민굴과 같았다. 가마니를 깔고 앉아야 했다. 교실이라 하지만 이름이 교실이지 움막과 다를 바 없었다. 낡은 칠판 한 개가 전부였다. 1학년부터 4학년까지 합동 수업을 하는데 교장겸 교사 1명이 모든 학생들의 수업을 담당하였다. 그것도 글은 아예 가르치지 않고 잡담으로 시간을 때워서 1개월도 되지 않아 큰딸 이정희와 동생 이정빈은 대동학원을 그만 두게 되었다.

이인재는 다시 산정현교회에 출석하였다. 신사참배를 반대하는 사람은 주로 여기에 모여 들었다. 이 곳에서 안이숙, 김지성, 이광록, 김홍전, 이동수 등과 같은 좋은 민족의 지도자들을 만났다.

당시 평양에 있는 모든 교회들이 신사참배로 인한 시험에 넘어져 있었다. 일제의 탄압에 굴복하여 신사참배를 하였던 것이다. 그러나 주기철 목사를 비롯해서 이기선 목사 등이 굳게 서 있었다.

어느 날 최봉석 목사가 이인재 전도사가 거주하고 있는 집을 찾아왔다. 최봉석 목사는 권능이 많다하여 최권능 목사로 더 널리 알려져 있는 사람이었다. 일본 형사들이 최봉석 목사를 취조해서 때릴 때마다 '예수 천당... 예수 천당...' 했다는 일화는 지금도 너무나 유명하다.

최목사는 이인재 전도사에게 말하였다.

"이 전도사, 나와 함께 신앙의 동지들을 만나자구요. 이 때는 환란의 때이기 때문에 같은 뜻을 가진 사람들끼리 서로 만나 격려해야 힘을 얻는다구요."

"예, 감사합니다. 따라 다니겠습니다."

그리하여 이인재는 최봉석 목사와 함께 신앙동지들의 집을 찾아다니며 위로하고 격려하였다.

"믿음에 굳게 서라구요."

최목사는 같은 말을 만나는 사람마다 반복하였다.

하루는 최목사가 이인재 전도사에게

"마두원 선교사 알지?"

이인재 전도사는 만나보지는 못하였지만 이름은 들어 알고 있었다. 마두원 선교사는 미국에서도 널리 알려진 유명한 음악가였다. 그는 음악으로 이름을 날리고 출세할 수 있었지만 세상 음악을 포기하고 복음을 전하는 전도인이 되었고 한국에 선교사로 온

예수 천당

사람이었다.

"예, 잘 알고 있습니다."

이인재는 놀라면서 말하였다.

"오늘 마두원 선교사집으로 가자구요."

"……"

"마두원 선교사집은 지하교회나 마찬가지지요. 그 곳에 신사참배를 반대하는 동지들이 수시로 모여 기도회를 갖지요. 특히 새벽기도회를 매일 갖는다구."

최봉석 목사를 따라 마두원 선교사 집에 들어간 이인재는 놀랐다. 그 곳에 신앙을 지키려고 고향을 버리고 가정을 떠나 모여온 사람들이 상당히 많이 모여 있었기 때문이었다.

새벽기도회 시간에 마두원 선교사의 레위기서 강의가 있었다. 마두원 선교사(馬斗元, D. R. Malsbury)가 영어로 강의하였고, 김홍전 박사가 통역을 하였다. 은혜로운 시간이었다.

이인재는 집으로 돌아와 혼자 생각하였다.

'평양에 오기를 잘하였다. 신앙의 동지들이 생각했던 것보다 평양에 훨씬 많구나.'

그런던 어느날 박의흠 전도사가 김인희 전도사와 함께 이인재 집으로 찾아왔다.

박의흠 전도사는 신의주에서 전도사 일을 하다가 신사참배 반대로 교회에서 사면 당하고 만주와 평양을 넘나들며 신사참배 반대운동을 열렬히 펼쳤던 사람이었다. 뒷날 신의주 자택에서 머물다가 고등계 형사에게 잡혀가 순교를 당한 분이기도 하다.

함께 동행한 김인희 전도사는 평북 선천 출신의 사람이다. 18세 때 평북 선천보통학교를 졸업하고 경성 보성중학교에 입학하였다.

그러나 가정 사정으로 학업을 계속하지 못하게 되자 일본 동경으로 건너가게 되었다. 거기서 고학의 길을 찾았지만 폐결핵을 앓게 되고, 결국 고향으로 돌아오게 되었다. 그러던 중 예수를 믿게 되고 함께 신사참배 반대운동에 가담하게 된 것이다.

김인희 전도사는 이인재 전도사에게 말하였다.

"이 전도사, 용기를 내어요. 지금 평북에서는 이기선 목사를 중심으로 신사참배 반대운동이 열렬히 전개되고 있어요. 그리고 이 전도사는 경상도 사람이니까 한상동 목사를 중심으로 일어나고 있는 경남쪽 소식을 우리에게 전하여 주어요."

"지금 경남에서도 잘하고 있어요. 한상동 목사는 부산, 마산을 중심으로 운동하고, 서부 경남쪽은 주남선 목사가, 남해쪽은 최상림 목사가, 진주 사천쪽은 이현속 전도사가, 통영 쪽은 최덕지 전도사가 앞장서서 열심히 신사참배 반대운동을 하고 있습니다."

박의흠 전도사가 말하였다.

"나는 신의주에서 활동하다가 만주 봉천 쪽을 돌아보고 왔어요. 그곳에서도 한부선 선교사를 중심으로 여러 신앙 동지들이 뭉쳐 있어요."

세 사람의 신앙 동지들은 이날 기도회를 가지며 다시 한 번 결심을 굳히는 기회를 가졌다.

이인재 전도사는 가족들과 함께 지하교회를 시작하였다. 교회당으로 나가지 않고 가정에서 모여 예배하였다. 주변의 신자들을 불러 모았다. 이인재 전도사는 시국이 점점 험악해지고 있음을 알았다. 그럴수록 복음을 전하여야 하기 때문에 열심히 믿는 성도들을 규합하였다.

조선예수교장로회신학교(朝鮮耶蘇教長老會神學校)

평양신학교 제1회 졸업생이자 한국교회가 1907년에 배출한 첫 7인의 목사, 뒷줄 왼쪽부터 방기창, 서경조, 양전백, 한석진, 이기풍, 길선주, 송인서.

조선예수교장로회신학교

- 우리나라 최초의 장로교 신학교의 정식 명칭은 '조선예수교장로회신학교' 이다. 그러나 일반적으로 「평양신학교」로 더 알려져 있다. 이 평양신학교는 1901년에 설립되었다.
- 처음 평양신학교를 주도한 선교사들은 마펫(마포 삼열, Samuel A. Moffett), 리(이길함, Graham Lee), 언더우드(Horace G. Underwood), 스왈른(소안론, W. L. Swallen), 베어드(배위량, W. B. Baird), 번하이셀(편하설, C. F. Bernhaeisel), 클락(곽안련, C. A. Clark), 헌트(한위렴, W.B. Hunt), 레이놀스(이눌서, W. D. Reynolds), 게일(기일, James S. Gale), 그리고 엥겔(왕길지, Gelson. Engel) 등이었다.
- 마포삼열 선교사(Samuel A. Moffett, 1864년~1939년)는 1901년 초대 교장을 맡은 이래 1924년까지 무려 24년간 교장으로 재직하면서 평양신학교를 명실상부한 국내 최고의 신학교로 발전시켰다.
- 1907년 6월 20일, 평양신학교는 길선주, 양전백, 서경조, 한석진, 송인서,

평양장로회신학교 2대 교장 로버트(라부열) 선교사 가족

방기창, 이기풍 등 7명의 첫 졸업생을 배출했는데, 이들은 그 해 열린 독노회에서 목사 안수를 받았다.

- 첫 졸업생을 배출한 1907년, 한국에서 활동하고 있던 4개의 장로교 선교회는 평양신학교를 "長老敎會神學校"로 지정했다.
- 1925년, 제2대 교장으로 라부열(Slacy. L. Roberts, 1881년~1946년)이 취임했다. 하지만 평양신학교는 1938년 1학기를 끝으로 2학기 개학하지 못하고 그만 폐교(閉校) 당하고 만다.

Presbyterian Theological Seminary of Korea

朝鮮耶蘇敎長老會神學校

卒業證書

朴允善

右人이本校에서制定한三年全科를完修하앗기證書를授與함

主後一千九百三十四年三月十四日

理事長 馬布三悅

校長 羅富悅

It is hereby certified that

조선예수교장로회신학교 졸업(1934)

제 7 장

남북교회의 가교 역할

1. 지하 신학교의 개강

1939년 9월[8] 밀양 마산교회를 한상동 목사에게 맡기고 가족들과 함께 평양으로 갔던 이인재 전도사는 시국이 점점 더 험악해지고 있음을 알았다. 그러나 복음을 전하여야 한다는 생각 때문에 열심히 신앙생활을 잘하고 있는 신자들을 규합하는 일에 우선하였다. 이미 교회들도 일제의 조종하에 들어간 상태였기 때문에 지하 가정교회를 시작하였다. 그리고 한편으로 중단한 신학공부도 계속해야 했기에 김지성이란 친구와 함께 권세열 선교사를 찾아갔다. 평양신학교가 폐교되고 교수들은 더러 미국으로 떠난 상태였다. 그러나 구례인 박사(J. C. Crane), 함일돈 교수(Rev. F. Hamilton) 등 아직 남은 교수들이 몇몇 있었다. 이인재 전도사는 권세열 선교사[9]에게 말하였다.

---

8) 이하에 나오는 모든 일자는 평양지방법원의 「예심종결서」의 기록에 의존했음을 밝혀둔다.

1939년, 밀양 마산교회에서 가진 신무인 & 정도갑 혼인예식 후,
신랑, 신부 뒤 중앙이 서 있는 사람이 주례자 한상동 목사이다.

"신학교를 개강하는 것이 좋겠습니다. 신사참배를 반대하는 학생들이 모여 계속 공부할 수 있게 하여 주십시오."

권세열 선교사는 한참 생각하다가 입을 열었다.

"그것이 가능하겠습니까?"

"가능합니다. 지금 배우기를 원하는 사람들이 많이 있습니다."

"학교를 하자면 여러 가지 조건이 구비되어야 하는데..."

---

9) 권세열 선교사(F. Kinsler, 1904~1992). 프린스턴신학교를 졸업하고 1928년 10월 내한(來韓)하여 평양 숭실전문학교 교수로 사역, 1932년 9월 불우 청소년 6명을 발견하고 평양 광문서림에서 가르치기 시작한 것을 계기로 1938년에는 13개의 성경구락부에서 5천여명의 학생들을 가르침. 이 일로 인해 일본 경찰로부터 사회주의 운동가라는 의심까지 받게 됨. 한국교회가 신사참배를 결의하면서 일본 경찰에 의해 추방명령을 받고 1940년, 미국 플로리다로 귀향하게 됨. 해방 후 1949년에 대시 내한하여 성경구락부를 다시 시작하게 되었고 1965년, 대통령으로부터 교육문화공로 훈장을 받게되었다.

"그렇지 않습니다. 교수가 있고 학생이 있으면 어디서든지 가능합니다."

이렇게 해서 지하신학교가 개강되었다. 학생은 10명이 넘었다. 그러나 이 신학교도 오래가지 못하였다. 끈질긴 고등계 형사들의 추적과 방해 때문이었다.

2. 평북 선천에서

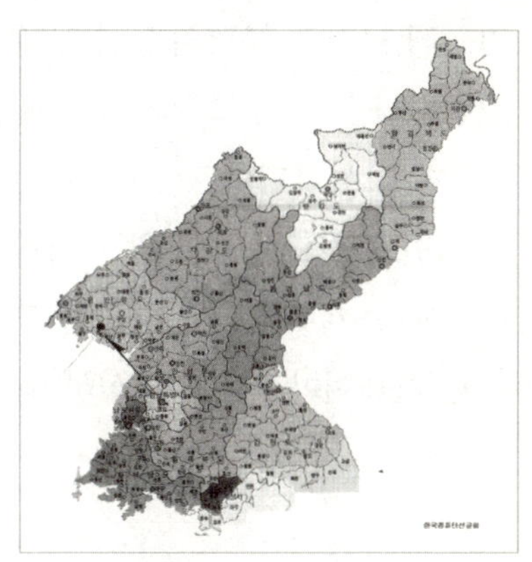
평양에서 선천으로

김인희 전도사에게서 편지가 왔다.

"이 전도사님 한 번 다녀 가십시오. 평북 선천은 물 맑고 공기 좋은 곳입니다."

이인재 전도사는 평북 선천으로 김인희 전도사를 찾아갔다. 그때가 1939년 11월이었다.

김인희 전도사집으로 갔더니 박신근 집사가 와 있었다. 박신근 집사는 김인희 전도사보다 한 살 아래로서 농사를 업(業)으로 하고 있었다.

철산에서 용산교회를 출석하며 집사로 봉사하였는데 신사참배 반대 운동에 앞장서게 되자 이일로 인해 교회에서 집사직을 면직 당하게 되었고 교회 출석까지 불가능해지게 되자 가정에서 예배를 드리며 신앙을 지켜온 사람이었다.

뒷날 평양 형무소까지 가게 되고 6년간 옥중 투쟁을 하다가 해방과 함께 출옥하게 된 투철한 신앙인이었다.

세 사람은 더욱 결심을 굳히고 합심하여 하나님께 기도하였다. 다음날 선천을 떠나올 때 김인희 전도사는 이인재 전도사에게 돈 4백원을 건네주었다.

"이 전도사. 이 돈을 신사참배 반대 운동하는데 사용하십시오. 경남에 가서 한상동 목사를 만나거든 이쪽 사정을 이야기하고 위하여 기도해 달라고 부탁하십시오. 우리도 경남의 동지를 위하여 기도하겠습니다."

"예, 감사합니다."

이인재 전도사는 작별 인사를 하고 선천을 떠나면서 앞으로 얼마나 자유롭게 다닐 수 있을지 모르지만 신사참배 반대 운동에 더욱 힘을 기울여야겠다고 결심하였다.

3. 경남으로

평양으로 다시 돌아온 이인재 전도사는 부산으로 내려가기로 마음을 정하고 1939년 12월 28일, 평양역에서 부산행 기차를 탔다. 먼저 삼랑진역에서 내려 밀양 마산리로 갔다. 한상동 목사를 만난 것은 12월 29일 오후였다.

밀양 마산교회도 평안한 안식처는 못되었다. 수시로 고등계 형사가 찾아와 괴롭힌다는 것이었다.

이인재 전도사는 평북 지방 성도들의 신앙 생활 모습을 소상히 설명하였다. 교회들은 이미 신사참배의 시험에 빠졌기 때문에 신사참배를 반대하고 불참하기로 작정한 교인들은 자신의 가정에서 예배를 하고 있다는 사실을 전하였다. 그리고 활발히 신사참배 반대

운동을 전개하고 있는데 5개항의 표준을 세워서 그것에 따르고 있다는 소식 또한 전달하였다.

1) 신사참배를 긍정하는 노회원을 노회 내의 각종 부서에 참석시키지 못하게 하고 각 교회로 하여금 노회 부담금을 내지 못하게 한다.
2) 신사참배 불참자들로 새로운 노회를 조직한다.
3) 신사참배를 긍정하는 목사에게서 세례를 받지 않는다.
4) 신사참배 불참배 동지들의 상호 협조를 도모한다.
5) 가정예배 또는 가정 기도회를 개최하여 일인 면담, 개인 전도 등을 수단으로 신사 불참배 성도들이 앞장 서서 신사참배 교인들을 설득한다.

이상의 내용을 전하고 이인재 전도사는 한상동 목사에게 돈 2백원을 전하였다.

저녁 무렵 한상동 목사와 함께 이인재 전도사는 이웃에 있는 밀양 상남면의 예림교회에 윤술용 전도사를 찾아갔다.

한상동 목사가 윤술용 전도사에게 말하였다.

"여기서 이야기하기 곤란하니 부산으로 내려갑시다."

한상동 목사, 윤술용 전도사, 이인재 전도사 세 사람은 이날 저녁 부산 동래로 갔다. 동래 온천에 있는 화성여관에 들어갔다.

이날 밤 세 사람은 밤이 기울도록 신사참배 반대운동을 위한 계획을 세웠다.

다음 날인 12월 30일, 날씨가 몹시 추웠다. 셋은 부산 초읍리에 있는 조수옥 전도사 집을 찾아갔다. 그 곳에는 백영옥 전도사도 있었다.

함께 예배를 드렸다. 이날 한상동 목사는 가정예배를 인도하면서 이렇게 권면하였다.

“지금 당국에서는 기독교인들에게 신사참배를 하면서 마음대로 예배하고 종교생활을 하라고 말합니다. 그러나 이것은 성경의 가르침에 위배되는 일입니다. 신사참배는 하나님께 죄를 범하는 아주 악한 일입니다. 신사참배를 시행하는 교회는 마치 무너져 가는 건물과 같습니다. 그러므로 이제부터 우리들은 여하한 고난에 당면하더라도 죽음을 각오하고 바른 진리를 위한 활동해 나가야 합니다. 두 분 전도사님은 여성들이지만 이 신사참배 반대 운동에 적극적으로 가담하여 협력을 다하여 주시기 바랍니다.”

이날 이후 이들은 순회를 다니며 만나는 교인들에게 신사참배 불참을 이야기하였고 밀양지방과 동래지방을 순회하였다.

4. 1939년 12월, 밀양으로... 부산으로...

1939년 12월 28일. 이인재 전도사는 평양역에서 부산행 기차를 타고 삼랑진에 내려 밀양으로 갔다. 거기서 한상동 목사를 만났다. 이때가 12월 29일, 오후였다. 이인재 전도사는 평북지방 성도들의 신앙생활 모습을 소개해 주고 5개항의 표준을 세워서 신사참배 불참 운동을 전개하며 그것에 따른다는 사실을 알려 주었다.

밀양마산교회도 고등계 형사들이 찾아와 수시로 괴롭히기 때문에 평안한 안식처가 되지는 못하였다. 한상동 목사와 이인재 전도사, 그리고 윤술용 전도사는 이날 저녁 부산 동래로 가서 동래 온천에 있는 화성여관에서 하루를 지냈다. 그리고 다음날인 12월 30일, 셋은 부산 초읍리에 있는 조수옥 전도사[10]와 백영옥 전도사[11]를 만났다. 함께 예배를 드린 후에 윤술용 전도사는 집으로 돌아가고 한상동 목사와 이인재 전도사는 선교사들 집을 찾아갔다.

부산부 좌천정에 살고 있는 허대시 선교사[12]와 트루징거 선교사[13]를 방문해서 신사참배 반대 운동 전개의 소식을 전하고 힘이 되어 줄 것을 요청하였다.

12월 31일, 부산 초량에서 박신출 집사(朴新出)와 초량교회 서영수 집사(徐永守)를 만나고 믿음에 굳게 서서 신사참배에 동참하지 않도록 권면하였다.

5. 1940년 1월, 7일 간 경남 지방 순회

1940년 1월 1일. 일본 사람들은 이날을 설날로 지내기 때문에 이날의 거리는 한산했다. 집집마다 일장기(日章旗)가 휘날렸다.

이인재 전도사는 한상동 목사를 따라 마산으로 갔다. 마산 제비

---

10) 조수옥(趙壽玉) 전도사, 경남 하동 태생으로 당시 32세였다. 그녀는 신사참배 반대로 평양형무소에서 옥고를 치루었다. 해방 후 고아들을 돌보며 한평생을 살았기에 그녀를 '고아의 어머니'라 불렀다.

11) 백영옥(白英玉) 전도사, 밀양마산교회 제6대 담임교역자(1933년)였던 차재선 전도사의 부인이다. 차재선 전도사는 1933년 10월에 33세의 젊은 나이로 하나님의 부르심을 받고 천국으로 가셨다. 이후 백영옥 사모는 신학(神學)을 하게 되고 전도사로 사역하게 되었다.

12) 허대시 선교사(Miss Daisy Horking, 데이지 호킹, 許大是). 호주장로교 선교회 소속 여선교사이다. 그녀는 1916년 호주장로교 선교사로 내한하여 부산으로 왔지만 곧 마산으로 전임하였다.

13) 트루딩거 선교사(M. Trudinger, 秋瑪田), 호주장로교 선교부 소속의 여선교사였다. 그녀는 쓰루징가라고도 불리운다.

산에 소재해 있는 태매시 선교사[14]의 댁을 방문하였다. 태매시 선교사는 호주 선교사였다. 여성으로 조선 교회 여성들에게 많은 영향력을 준 귀한 믿음의 선교사였다. 태매시 선교사댁에는 최덕지 전도사[15]가 함께 생활하고 있었다. 최전도사는 통영지방에서 신사참배 불참 운동을 하고 있는 굳은 믿음의 여전도사였다.

한상동 목사는 이인재 전도사를 이들에게 소개시키고 평북에서의 신사참배 불참 운동의 목적과 상황을 설명해 주었다. 태매시 선교사는 대단히 기뻐하였다.

한상동 목사는 최덕지 전도사에게 말하였다.

"전도사님, 우리는 신앙의 동지를 많이 만들어서 하나님 나라 건설에 바쳐지는 머릿돌이 되어야 합니다."

"잘 알고 있습니다."

"용기를 잃지 마십시오."

"감사합니다."

이인재 전도사는 최덕지 전도사에게 말하였다.

"최 전도사님, 경남 일원에 산재한 부인 동지들을 설득시켜 신사참배 불참 운동에 협조하도록 힘써 주십시오. 경남 여전도회가 주축이 되어야 합니다."

"노력하겠습니다."

14) 태매시(太邁是) 선교사, 원래 이름은 테이트인데 '지트' 혹은 '지도' 라고도 불리웠다.

15) 최덕지(崔德支) 전도사, 1901.6.25~1956.5.13, 경남 통영 태생, 신사참배 반대운동으로 네 번에 걸친 구속과 많은 고문을 받았고 평양형무소에서 옥고를 치른 후 해방과 함께 출옥하였다, 후에 재건교회를 창설했고 총회장을 지낸 인물이다.

1월 2일. 이인재 전도사는 한상동 목사와 함께 진주로 갔다. 먼저 찾아간 곳은 서덕기 선교사댁이었다. 서덕기 선교사(Rev Jim Stuckey. 徐德基)는 1935년 23세의 나이로 내한했는데 해방 전 내한한 선교사 중에서 가장 연소(年少)하였다. 그는 진주지방에서 전도자로 그리고 배돈병원 원목의 일을 보면서 신사참배는 우상숭배로 간주하고 이를 반대했다. 그에게도 평북지방의 상황을 설명하고 경남에서의 반대운동 전개를 촉구하였다.

한상동 목사가 이렇게 말하였다.

"선교사님, 경남에서도 조직적으로 신사참배 반대 운동을 해나가야 합니다. 금번에 이인재 전도사가 평양에서 왔기로 나도 힘을 얻었습니다. 우리가 더욱 적극적으로 반대운동을 해야 하기에 경남지역 일대를 지금 순회하고 있습니다. 부산과 마산을 돌아 진주에 왔습니다. 거창에도 갈 것입니다."

"수고가 많습니다. 신사참배 반대 운동을 하고 있는 여러분에게 하나님의 은혜가 충만하기를 빕니다."

서덕기 선교사는 기도해 주며 격려와 칭찬을 아끼지 않았다.

이인재 전도사와 한상동 목사는 서덕기 선교사댁에서 나와 봉래정에 있는 김주학(金株鶴)의 집을 찾아갔다.

마침 거기에는 최상림 목사(崔尙林, ?~1945.6)[16]가 와 있었다. 그는 경남 동래 태생으로 남해에서 목회하였다. 최상림 목사는 한상동 목사보다 선배로 한목사가 앞으로 큰 일을 할 사람이라는 확신을 가지고 있던 터였다.

---

16) 최상림 목사는 신사참배를 거부하다가 평양형무소에서 1945년 6월에 옥중 순교했다.

한상동 목사는 이인재 전도사를 최상림 목사에게 소개하고 신사참배 불참 운동의 목적과 상황을 설명하고 협력방침을 요망하였다. 이렇게 같은 길을 걷고 있는 신앙의 동지들이 서로 만나 피차 위로하며 격려하였다.

1월 3일. 이인재 전도사는 한상동 목사와 함께 봉래정에 있는 황원택 집을 찾아갔다. 그 곳에서 이현속 전도사(李鉉續, 1896. 12. 12~1945. 5. 23.)를 만났다. 이현속 전도사는 경남 함안 태생으로 당시 46세였다. 그는 창녕 영산교회, 진주의 문산교회, 하동읍교회 등에서 전도사로 일했는데 그는 신사참배 문제가 제기될 때부터 이것은 우상숭배로 반대하였다. 1939년 4월부터는 진주의 배돈병원은 호주 선교부에서 운영하는 병원인데 그는 배돈병원에서 병원서기 겸 전도사로 일하였다. 그는 공개적으로 신사참배를 반대하다가 1940년 8월 19일 배돈병원에서 체포되어 평양형무소에서 1945년 5월 23일, 해방을 3개월 앞두고 옥중에서 순교했다.

황원택과 이현속 전도사에게 다른 곳에서와 마찬가지로 지금 신사참배 반대 운동의 동향을 설명하고 믿음에 굳게 서서 함께 보조를 맞추자고 권면하였다.

그날 오후 이인재 전도사와 한상동 목사는 거창으로 갔다. 거창은 진주에서 먼 거리였다.

거창교회에서 주남선 목사를 만나 하룻밤을 한상동 목사, 주남선 목사, 이인재 전도사가 함께 보내며 신사참배 반대 운동에 대하여 이야기하였다.

주남선 목사(朱南善, 1888. 9. 14~1951. 3. 23.)는 경남 거창 태생으로 당시 58세였다. 그는 1930년에 평양신학교를 졸업하고 그해 가을 경남노회에서 목사 안수를 받았다. 그리고 그 다음 해부터는 거창읍교회에서 목회를 하다 신사참배 반대 운동으로 여러차례 경찰의 호출을 당했고, 1941년 7월에는 일제 검거에서 체포되어 옥고를 치루고 해방 후 출옥하였다. 해방 후에 다시 거창읍 교회를 시무했으며, 특히 그는 고려신학교의 설립자겸 초대 이사장으로, 또한 고려성경학교의 설립 이사로 활동하였고, 거창 성경신학교를 설립하여 교장의 일을 맡기도 하였다. 주남선 목사는 6.25가 발발한 다음 해인 1951년 3월 23일에 순교하였다.

한상동 목사는 주남선 목사에게 이야기하였다.

"현재 우리 조선교회는 우상숭배인 신사참배를 용납하고 있습니다. 이로 인하여 교회가 부패되어가고 있어요. 우리는 어떤 어려움과 고난이 온다할지라도 죽음을 각오하고 그 시험을 이겨내야 합니다. 진리를 위해 목숨 걸고 투쟁하여야 하겠습니다."

"알고 있어요. 그렇게 하기로 마음의 각오가 되어 있습니다. 스스로를 위하여 기도하고 신사참배의 우상숭배에 넘어가지 않도록 투쟁합시다."

주남선 목사는 조용히 말하였다. 그러나 그의 눈빛은 고난의 언덕을 넘어선듯 초롱초롱 빛이 났다.

1월 4일. 이인재 전도사는 거창을 떠나면서 주남선 목사에게 금일백원을 건네주었다.

"신사참배 반대 운동비로 사용하십시오." 이인재 전도사는 주남선 목사의 손을 굳게 잡았다.

주의 신실한 세 종은 아쉬운 작별을 하였다. 날씨가 몹시 추웠다. 찬바람이 거창 시내를 휘몰아치고 있었다.

이인재 전도사는 한상동 목사와 함께 밀양 예림으로 돌아왔다. 그곳에서 이틀을 지내고 1월 7일, 평양으로 향하였다.

6. 1940년 1~3월, 평양에서…

1940년 1월 7일, 밀양역에서 완행열차를 타고 평양으로 향하면서 이인재 전도사는 계속 기도하였다.

평양에 도착한 이인재 전도사는 평양부 장별리에 있는 채정민 목사[17)]의 집을 방문하였다. 그곳에서 채정민 목사와 최봉석 목사, 김의창 목사를 만나 경남지방에서 있었던 신사참배반대 운동에 대해 설명하고 향후 활동 방침 등에 대해서 깊은 협의를 하였다.

"경남에서처럼 이곳에서도 직접 찾아다니며 비밀 연락을 하고, 또한 일반 평신도들에게도 신사참배가 어떤 죄인가를 깨우쳐 줘야 합니다"

이인재 전도사의 말에 채정민 목사는

"옳아요. 우리도 서둘러야 합니다."

하고 대답하였다.

1월 9일, 평양의 날씨는 몹시도 차가웠다. 입김마저 얼어붙을 정도였다.

이인재 전도사는 옷을 겹겹이 겹쳐 입고 길을 나섰다. 이광록 집사[18)]의 집으로 가는 길이었다. 이광록 집사는 평북 의주사람으로 유

---

17) 채정민(蔡廷敏) 목사(1872. 4.28~1953.3.31.). 평북 개천 태생, 당시 74세였다. 곡산, 수안, 중화에서 목회하였고, 신사참배 반대로 평양형무소서 옥고를 치루었다.

년시절 서당에서 3년간 한학을 수학하였고 농사에 종사하다가 청년 시절부터 매약업을 하고 있는 사람이었다.

17살 때, 폐결핵을 앓아 어려움을 겪던 중 복음을 받아 장로교회에 출석하게 되었는데 그의 신앙은 성경적이었고 건전하였다. 신사참배 문제가 생겨나자 극히 반대하는 입장에서 열렬하였다.

"이 집사님, 가만히 있을 때가 아닙니다. 신앙의 동지들에게 서로 연락하고 신사참배 반대 운동을 적극 펼쳐나가야 합니다."

이광록 집사 역시 같은 생각이었다.

"그렇게 해야지요."

"갑시다. 안이숙 선생을 만나 봅시다. 그도 우리와 뜻이 같은 사람이니 서로 힘을 합하여야 하겠어요."

이인재와 이광록은 평양부 상수리에 살고 있는 안이숙의 집을 찾아갔다.

"안선생, 열심을 내시오. 경남과 평북 지방의 신사참배 반대운동은 아주 성공적으로 잘 되고 있습니다."

안이숙은 그 말을 듣고

"감사한 일입니다. 우리가 나서서 힘껏 반대운동을 펼쳐나가도록 합시다."

이인재는 한상동 목사에게서 받아온 돈 삼백원을 운동비로 사용하라고 내어 주었다.

1월 20일. 이인재 전도사는 혼자서 방계성 전도사(方啓聖, 경남 부산 태생, 당 58세, 신사참배 반대로 옥고를 치룸)를 찾아갔다. 방계성

---

18) 이광록(李光祿) 집사, 평북 의주 태생으로 당시 39세였다. 신사참배 반대로 옥고를 치루었다.

전도사를 만나 경남과 이북의 각 지역에서 전개되고 있는 신사참배 반대 운동 상황을 소상히 설명하였다. 이 두 사람은 그날 밤 늦게까지 평양지방에서의 신사참배 반대 운동에 대해 이야기를 나누었다.

1월 26일. 다시 이광록 집사를 만났다. 둘은 함께 평양 시내에 살고 있는 차용서(車用瑞)의 집을 찾아갔다. 신사참배 반대 운동에 대해 두 사람은 이야기를 나누고 함께 힘이 되기를 약속하였다.

1월 28일. 이인재 전도사는 평남 대동군에 있는 가현교회에 갔다. 이날 이 교회에는 교인 50여명이 모여있었는데 여기서 이인재 전도사가 설교를 하게 되었다.

그날 설교의 제목은 "그리스도의 신부" 였다.

"신부가 정조를 지키기를 목숨처럼 여기는 것은 정결한 여성으로 한 남편만을 사랑한다는 증거입니다. 그와 같이 우리 기독신자들은 신앙의 정조를 지켜야 합니다. 신사참배는 하나님을 거역하는 일이요, 영적 신랑되신 예수님을 배신하고 마귀에게 정조를 빼앗기는 무서운 죄악입니다. 신앙의 정조를 깨뜨리지 않고 지킬 수 있도록 각별히 주의하여야 합니다."

참석한 모든 성도들이 설교에 은혜를 받고 감격의 눈물을 흘렸다.

2월 4일. 이인재 전도사는 평양 남신리 교회에서 예배를 인도하였다. 남신리 교회에는 약 80명 정도의 신도들이 모여있었다. 이날 이인재 전도사는 "아브라함의 신앙을 배우자" 라는 제목으로 설교를 하였다.

"아브라함은 순종의 사람이었습니다. 하나님께서 고향, 친척의 집을 떠나라 하셨을 때 아브라함은 갈 바를 알지 못하고 떠났습니다. 그의 나이 백세에 얻은 아들이지만 하나님께서 아브라함에게 그 아들 이삭을 제물로 바치라 하였을 때 그는 거절하지 않고 순종하였습니다. 자기 생명보다 더 사랑하는 아들이었지만 하나님의 명령이었기 때문에 하나님께 바치게 된 것입니다. 신앙은 순종입니다. 우리도 아브라함의 순종을 본받아야 하겠습니다. 신사는 우상입니다. 신사참배는 우상숭배입니다. 신사참배는 하나님의 계명을 어기는 무서운 죄입니다. 절대로 신사참배를 하여서는 안됩니다."

그의 설교에는 힘이 있었고, 하나님의 능력이 나타났다. 성도들은 이인재 전도사의 설교를 듣고 결단코 신사참배를 하지 않을 것을 다짐하였다.

2월 7일, 수요일이었다. 이인재 전도사는 이광록 집사와 함께 평양 주기철 목사의 사택으로 오정모 집사[19]를 찾아갔다. 주 목사는 이미 유치장에 구금되어 있었기 때문에 산정현 교회에는 담임 목사가 공석(空席)인 상태였다.

이인재 전도사는 오정모 집사에게 말하였다.

"사모님, 지금 평양노회가 산정현 교회를 넘어뜨리려 합니다. 산정현 교회가 크기 때문에 많은 부담금을 요구하고 있는데 결코 노회 부담금을 내면 안됩니다. 노회 임원들이 모두 친일파 목사들이고 신사참배를 국가의식이라하여 시행케 하고 있습니다. 왜 그런 노회를 도와야 합니까?"

"알고 있습니다. 우리 산정현 교회는 노회에 부담금을 내지 않을

---

19) 오정모 집사, 주기철 목사 부인이다. 1935년 11월에 주기철 목사와 결혼, 1947년 1월 27일 별세했다.

것입니다. 끝까지 신앙의 지조를 지켜서 승리할 것입니다."

"감사합니다."

이때의 일이 중요한 것은 이 만남을 계기로 당시 주기철 목사를 파면하고 산정현 교회에 수습위원을 파송해서 교회를 접수하려는 평양노회에 대한 산정현교회의 부담금 납입 거부운동 방안이 구체적으로 논의되었기 때문이다. 이는 1939년 12월 29일에 밀양에서 한상동 목사와 이인재 전도사 등이 합의한 '신사참배 반대운동' 5개 조항 중 1, 2항에 해당하는 '노회불복종운동'의 실천이었다.

2월 18일, 이 주일부터 이인재 전도사는 평남 강서군 초리면에 있는 이노리 교회에서 임시 교역자로 섬기게 되었다. 이노리 교회는 그동안 교역자가 없는 상태였고 계속 전도사를 구하고 있는 중이었다. 이인재 전도사가 평양신학교에서 공부하던 신학생이고 신앙이 좋은 전도사임을 알게 된 이노리 교회에서는 이인재 전도사를 시무 교역자로 청빙한 것이었다. 교인은 약 80명 정도였다.

이인재 전도사는 다음과 같이 부임 첫주일 설교를 했다.

"신사는 우상입니다. 조선교회는 벧엘 금송아지를 섬기고 있습니다. 모두가 물들어 가고 있습니다. 우리는 이것을 막아야 합니다. 우리는 하나님의 계명을 순종하는 사람들로 신사참배는 명백히 우상숭배이기 때문에 절대로 해서는 안됩니다. 조선교회가 우상화되는 것을 우리는 막아야 합니다."

2월 25일, 주일 예배를 마치고 이인재 전도사는 교인들과 인사를 나누었다. 그 때 한일웅(韓一雄) 집사가 이 전도사에게

"전도사님, 오늘 우리집에서 점심을 준비했습니다. 우리 집으로 오세요."

"감사합니다."

이전도사는 반갑게 말하였다.

점심식사가 끝나고 대화를 나누는데 벽에 걸어둔 시계가 두 시를 치는 것이었다. 이인재 전도사는 아무런 생각없이 소리나는 시계 쪽으로 고개를 돌렸다.

그런데 시계가 걸려있는 벽 구석 쪽에 신궁대마[20](神宮大麻)가 붙어 있는 것이 아닌가. 깜짝 놀란 이인재 전도사는 한집사에게 물었다.

"저게 무엇입니까?"

당황한 한집사가 얼굴을 붉히며 말하였다.

"아, 예, 그것이 일본 귀신패 아닙니까?"

"왜 저런 것을 벽에다 붙여 놓았습니까?"

"예, 저... 반장이 무서워서 그대로 붙여둔 것입니다. 그러나 저는 그것에 절하거나 빌지는 않았습니다."

"무슨 소리를 하는 것입니까? 우상을 붙여 놓고 하나님께 어찌 기도할 수 있습니까?" 반장이 하나님보다도 두렵단 말입니까? 기독신자가 저런 것을 둔다는 것은 부끄러운 일이요, 하나님 앞에 큰 죄를 범하는 일입니다. 당장에 떼어 버리세요. 저런걸 담대하게 거절하는 것으로 하나님께 영광을 돌려야지 저게 무슨 망령된 짓입니까?"

이인재 전도사는 무척 화난 소리로 말하였다.

한집사는 얼른 일어나 그것을 떼어버렸다. 한집사의 얼굴이 붉게 상기되어 있었다.

---

20) 신궁대마(神宮大麻): 가미다나에 넣어두는 일종의 신주 내지 부적, 일본 총독부가 신사를 만들어 참배케 하는 것도 부족해서 각 학교에는 '호안덴, 奉安殿'을 세워 참배케 하였고, 각 가정에는 '가미다나'라는 가정 신단(神壇)을 만들어 아침마다 참배하도록 하였다.

3월 5일, 이인재 전도사는 자신의 방에서 이광록과 함께 김지성, 최성봉 목사를 만나고 경남지방에서 일어나고 있는 신사참배 반대운동의 상황을 설명하며 다 함께 향후 더욱 힘써 평양에서의 신사참배 반대 운동을 펼쳐 나갈 것을 다짐하였다.

3월, 어느 주일 밤이었다.

이인재 전도사는 산정현 교회에서 설교를 하게 되었다. 그날 밤 설교제목은 "벧엘로 가지말라" 였다. 그는 이날 밤 설교에서 신사참배 불참에 대하여 강하게 말하였다.

이날 밤, 그 예배 자리에는 평양 종로경찰서 고등계 형사부장 황씨가 앉아 있었다.

예배 후 황부장은 이인재 전도사를 만나 충고하였다.

"재미 없어! 두고봐. 앞으로는 설교도 할 수 없을거야."

3월 8일, 평양부에 거주하는 미국인 선교사 함일돈 선교사(咸日暾, Floyd E. Hamilton) 선교사의 집을 방문하였다. 함일돈 선교사는 이인재 전도사에게 신사참배 반대운동 자금으로 일백원을 건네 주었다.

3월 15일, 이인재 전도사는 이광록과 함께 경창리에 있던 안이숙의 방을 방문하였다. 당시 안이숙의 방은 신사참배 반대 운동가들의 주요 집회 장소로 활용되고 있었다. 선천 보성여학교 교사 출신인 안이숙은 신사참배 문제가 일어나자 1939년 1월 학교를 사직하고 평양으로 거처를 옮겨 '지하교회' 활동에 참여했다. 거기서 이인재 전도사는 경남 지방에서 일어나고 있는 신사참배 반대 운동의 사정을 알리고 이들과 함께 운동자금 모금에 대해 의논을 하였다. 이 자리에서 안이숙으로부터 1939년 1월, 박관준 장로와 함께 일본 도쿄(東京)에서 일본 각료와 위정자들과 군인들을 만나서 일본의 한국 침략을 항의할 뿐만 아니라 일본이 망한다고 경고한 일, 1939년 2월 5일, 전임 조선총독 우카키와 문무대신 아라키(荒木) 등을 방문해서 신사참배를 강요의 부당성 등에 대해 항변한 일 등을 들을 수 있었다.

3월 17일, 이인재 전도사는 이노리 교회에서 시무사면을 당하였다. 평양 종로경찰서에서 강제 추방을 한 것이었다.

3월 21일, 봄이 오고 있었다. 혹독하게 춥던 그해 겨울의 두꺼운 껍질들이 벗겨지고 있었다. 이인재 전도사는 다시 밀양으로 내려갔다. 상남면 마산리로 가서 한상동 목사를 만났다. 이날 밤 이인재는 한목사에게 만주 등지에서 활발하게 전개되고 있는 신사참배 반대운동의 상황을 보고 하였다.

7. 다시 경남지방으로…

3월 21일, 봄이 오고 있었다. 혹독하게 춥던 그해 겨울의 두꺼운 껍질들도 함께 벗겨져가고 있었다.

이인재 전도사는 다시 밀양으로 내려갔다. 상남면 마산리로 가서 한상동 목사를 만났다. 이날 밤 이인재는 한 목사에게 만주 등지에서 활발하게 전개되고 있는 신사참배 반대운동의 상황을 보고하였다. 만주에서는 한부선 선교사(韓富善, Bruce F. Hunt, 1903-1992)가

중심이 되어 반대운동이 진행되고 있었는데 이러한 일들의 근황에 대해 들려 주었고, 특히 신사참배 반대 이유서를 인쇄하여 배포하며 신사 참배 반대 운동을 펼치는 일에 대해서 상세히 보고하였다. 한편 평양에서는 주로 산정현 교회를 중심으로 신사참배 반대 운동이 진행 중이라는 것, 그리고 평양에 거주하고 있던 함일돈 선교사가 신사참배 반대 운동 기금으로 일백원을 주었다는 것을 보고하였다. 그리고 그 돈 일백원을 한 목사 앞에 내어 놓았다.

한상동 목사는 대단히 기뻐하면서 이인재 전도사를 칭찬하였다.

"이인재 전도사님, 수고가 많았습니다. 이 운동 자금이 생겼으니 경남지방 운동을 다시 시작합시다."

3월 23일, 이인재 전도사는 한목사와 함께 부산으로 내려갔다. 좌천정(좌천동)에 살고 있는 호주 선교부 여 선교사 허대시를 방문하였다. 북쪽지방과 만주 등지에서의 신사참배 반대 운동 상황을 보고하고 경남에서의 반대 운동 방법을 설명하였다.

3월 24일, 영주정(영주동)에 거주하는 손명복 전도사를 찾아갔다. 손명복 전도사[21]는 산리 교회를 시무하고 있었다. 이인재는 손 전도사에게 신사참배 반대운동이 어떻게 전개되고 있는지를 설명하고 함께 운동할 것을 동의받았다.

3월 25일, 영국인 태매시 선교사를 방문하였다. 이 곳에는 최덕지

---

21) 순명복(孫明福) 목사, 경남 마산 태생이다. 신사참배 반대로 옥고를 치루었다. 1973년, 고신총회장을 역임했다.

경남지방 여전도회 지도자들. 신사참배 반대를 주도하던 태매시 선교사의 제3차 안식년을 기념하여 태매시 선교사(중앙), 최덕지(중간 우측에 2째), 김차숙(한상동 목사 부인, 뒷줄 우측 3째), 영애나(앞줄 우측 첫째) 선생 등이 보인다.

전도사와 함께 여성으로 신사 불참배 운동의 선두에 서 있었던 김묘년(金妙年), 박경애(朴敬愛) 등도 와 있었다. 여기서 이들은 비밀히 기도회를 가지고 있었는데 이 자리에서 이인재 전도사는 평양 산정현 교회를 중심으로 일어나고 있는 신사참배 반대 운동의 상황을 설명하였다.

그리고 이인재 전도사는 힘써 동지들이 민족의 파수꾼이 되어 이 민족을 우상으로부터 지켜야 할 것에 대해 강조하였다.

> "우리들이 일치단결해서 하나가 되어 신사참배 반대운동을 펼치게 되면 하나님은 반드시 우리에게 승리를 안겨다 줄 것입니다. 옛날 이스라엘 백성들이 역사의 파수꾼이 되어 싸웠던 것처럼 우리도 조선의 파순꾼이 되어 이 어려운 때 우상숭배로부터 우리 민족을 지키나갑시다. 그럴려면 우리의 믿음을 신실하게 고수할 수 있어야 합니다. 기독신자로서의 책임을 다합시다."

3월 27일, 이인재 전도사는 한상동 목사와 함께 진주로 갔다. 봉래정(봉래동)에 사는 황성호(黃聖浩, 27세, 황원택의 아우) 전도사의 집을 방문했다. 이 곳에서 이현속 전도사와 주남선 목사를 만났다. 그리고 함께 기도회를 가지고 서로 격려하였다. 주남선 목사가 거창 경찰서에서 당한 고난 이야기를 들으면서, 향후 어떠한 탄압과 핍박을 받더라도 믿음으로 맞서 싸워 신사 참배 반대 운동을 펼쳐나갈 것을 다짐하였다. 그리고 이들은 모두 함께 서덕기 선교사의 집을 방문하였다. 앞으로 펼쳐나갈 신사참배 반대운동의 활동방향에 대하여 서덕기 선교사로부터 지도를 받았다.

3월 28일, 황성호의 집에서 주남선 목사와 작별하였다. 이때 이인재 전도사는 주남선 목사에게 40원을 신사참배 반대 운동 자금으로 건네주었다. 그리고 진부 봉래정 배돈병원 부근의 노상에서 최덕지 전도사를 만나 신사참배 반대 운동의 자금으로 40원을 건네주었다.

그리고 이인재 전도사와 한상동 목사는 함께 밀양군 상남면 마산리로 돌아와 한상동 목사의 자택에서 신사참배 반대 운동의 확산방안에 대해 의논을 하였다.

한상동 목사는 이인재 전도사에게 말하였다. "이 전도사님, 우리가 진행하고 있는 신사참배 반대 운동은 일본인 측에서 볼 땐 반국가적 항일 운동으로 간주될 것이 뻔한 일입니다. 그러니 우리는 이 운동의 성격을 분명히 하여야 합니다. 경남 지방이나 평양 지방만으로는 부족합니다. 전국적으로 실시하여야 합니다. 목적 달성을 위하여 전국적인 조직망이 필요합니다."

"그럼 어떻게 하는 것이 좋겠습니까? 지금 주기철 목사가 검속되어 유치장에서 어려움을 겪고 있는데 아마 몸이 쇠약하여 병보석으로 석방될 것 같습니다. 그때 주기철 목사님과 함께 의논함이 어떻겠습니까?"

"그것 좋은 생각이오"

"그럼 제가 평양으로 가서 활동하다가 주기철 목사님이 석방되면 곧 연락드리겠습니다. 그때 평남북 지방에서 활동하는 동지들에게도 연락하여 함께 이 문제를 논의합시다."

"좋아요. 그럼 꼭 연락하시오."

3월 29일, 이인재 전도사는 신사참배 반대 운동을 전국적으로 확산시키기로 경남지방 동지들과 의견을 모은 후 한상동 목사와 작별하고 평양으로 올라갔다.

8. 또 다시 평양으로…

당시 밀양과 평양을 왕래한다는 것은, 보통 일이 아니었다. 요즈음처럼 고속철도 K.T.X를 이용할 수 있는 것도 아니고 평양에서 서울까지, 서울에서 밀양으로... 그렇게 쉽게 오갈 수 있는 길이 결코 아니었다. 이인재 전도사의 여정은 갖가지 장애물을 피해가야하는 그야말로 험난함 그 자체였다. 그럼에도 불구하고 이인재 전도사는 사명감에 젖어 이 궂은 일을 마다하지 않고 또 다시 평양으로 향하는 열차에 몸을 실었다. 평양 귀환 이후, 평양을 중심으로 이루어진 운동 상황을 정리하면 다음과 같다.

일자	회합 장소	참 석 자	협 의 내 용
3월 31일(금)	채정민의 집	채정민 이인재 최봉석	경남 지역 운동상황 보고
	이병희의 집	이인재 이광록 김지성 최봉석 안이숙	'5일 기도회' 후 운동 방법 논의
4월 2일(토)	채정민의 집	채정민 이인재 김지성	운동 협의
4월 3일(일)	이유택의 집	이유택 오윤선 최봉석 이인재	이유택 목사에게 운동 참여 호소
	장응태의 집	장응태 이인재 김지성	장응태 집사에게 운동 참여 호소
4월 13일(수)	김지성의 방	이인재 김지성 김인희	만주, 평북 경남지역 운동 상황점검
4월 20일(수)	김지성의 방	김지성 이인재 오윤선 최봉석 김의창 박관준	박관준의 반대 운동 결과 보고
	이인재의 방	채정민 이인재 오윤선 박관준 최봉석 김지성	채정민 목사 설교 후 운동 방침 논의
4월 21일(목)	채정민의 집	채정민 최봉석 한상동 오윤선 이인재 김지성 김의창	한상동 목사 설교 후 운동 방침 논의
	이인재의 방	한상동 김형락 박의흠 김인희 이인재	운동 방침 논의

여기서 주목되는 것은 4월 20일과 21일의 회합(會合)이다. 이틀 동안 장소를 바꿔가며 모두 네 차례에 걸친 모임을 가졌는데 채정민 목사, 최봉석 목사, 오윤선 전도사, 김인희 전도사, 김지성, 김의창 목사 등 기존의 평양의 지도자들 외에 만주 지방에서 온 안동의 김형락과 봉천의 박의흠 전도사, 평북 선천의 김인희 전도사, 경남의 한상동 목사와 이인재 전도사, 이들이 함께 한 것이었다. 평양과 평북, 경남과 만주 지역에서 신사참배 반대운동을 지휘하는 지도급 인사들의 회합이 이루어진 것이다.

이틀간의 회합에서

1) 각 지역의 신사참배 반대운동과 수감자 현황을 점검하고,

2) 향후 신사참배 반대운동의 방향을 모색하였다.

특히 운동의 방향에 대해 4월 21일 오후 이인재 전도사의 방(폐교된 평양신학교 기숙사)에서 모인 참석자들은 "신사불참배 교회급 신사불참배 노회(神祠不參拜 老會) 재건(再建)을 기(期)하고 전국적으로 운동을 전개하기로 맹서(盟誓)"하였다. 이 같은 결의를 이끌어내는 데 경남 지방 대표인 한상동 목사와 이인재 전도사의 의지가 크게 작용하였다.

그러나 4월 20~21일 회합은 4월 22일에 열릴 회합의 준비 모임 정도였다.

4월 22일. 평양 장별리 채정민 목사 사택에서는 가장 많은 13명의 신사참배 반대 운동 지도자들이 모여 신사참배 반대 운동의 방향과 방법에 대해 논의하였는데, 이 모임의 계기를 마련해 준 인물이 바로 주기철 목사였다. 이들은 방금 석방된 주기철 목사를 위로하기 위해 모였던 것이다.

주기철 목사의 정확한 석방 일자에 대해서는 알 수 없다. 하지만 평양지방법원 예심 종결서에 나타난 한상동 목사 조서에 "동년(1940년) 4월 30일경 주기철의 석방의 보(報)를 듣고 내양(內壤)하여"라는 표현이 있는 것으로 보아서 1940년 4월 20일 이전에 석방되었음을 어렴풋이 알 수 있다. 아마도 한상동 목사가 평양에 들른 것도 주기철 목사의 석방 소식을 듣고서가 아닌가 싶다. 왜냐하면 이인재 전도사가 밀양을 떠나오기전 주기철 목사가 가석방이 되면 연락을 주기로 했고, 이때 평남북 지도자들과 함께 활동하는 동지들의 회합을 약속했기 때문이다.

한국의 엘리야, 박관준(朴寬俊) 장로

(1875. 4. 13~1945. 3.13)

그는 평북 영변 사람이다. 그는 기독교인들에게 신사참배를 강요하는 것은 부당하다면서 진정서를 작성하여 우탄(宇坦) 조선 총독, 서본(西本)평남 지사, 황목(荒木) 문부장관에게 보냈다. 그러나 이러한 진정서 작성이 아무 효과가 없게 되었고, 직접 만나 담판을 지으려고 전후 13차에 걸쳐 총독을 면회하려 했으나 그 또한 실패하였다. 그러자 그는 이 일을 직접 일본에 가서 시행하려고 당시 보성여학교 교사로 있던 안이숙을 대동하고 동경으로 건너갔다. 그리고 일본에서 신학을 수업하고 있던 박 장로의 아들 영창 군과 함께 정부 주요 인사들을 만나 설득하였다. 그러나 이런 노력에도 불구하고 아무런 소득을 얻지 못했다.

마침 일본 제국의회에서 종교법안들을 심의하고 있었는데 그는 방청석에 앉아 '여호와는 참신(眞神)이라' 요지의 유인물을 살포하였다. 이때 의회는 아수라장이 되었고, 이들은 현장에서 체포되어 갖은 고초를 겪었다. 박 장로는 6년여의 옥고 끝에 순교의 관을 썼다. 그는 한국의 엘리야라 불려진다.

*그의 아들 박영창이 쓴 『정의가 나를 부를 때』(서울: 신망애 출판사, 1970)와 안이숙 여사가 쓴 책인 「죽으면 죽으리라」(서울: 신망애 출판사, 1969)를 참조할 것!!

살아있는 순교자, 안이숙(安利淑) 여사

(1908.6.24-1997.10.19)

그는 평북 박천 사람이다. 평양 서문여자고등학교를 졸업한 후 일본에 유학하여 도쿄 가정학원 연구과를 수료했다. 귀국 후 대구여자고등보통학교를 거쳐 선천 보성여학교에서 교사로 봉직하였다. 그러면서 일제의 신사참배 강요에 맞서 투쟁하기 시작했다. 그는 박관준 장로와 함께 일본으로 건너가 일본 정치인들을 상대로 신사참배 강요의 부당성을 지적하는 한편, 제74회 제국의회 때 의사당에 들어가 박관준 장로와 함께 일본 당국의 기독교 탄압을 규탄하는 내용의 유인물을 뿌리던 중 체포되었다.

국내로 압송된 그녀는 평양형무소에 수감되어 주기철 · 박관준 · 이기선 · 주남선 · 최덕지 · 오윤선 · 방계성 · 한상동 · 이인재 등과 함께 옥중투쟁운동을 전개했고 6년 옥고를 치른 후 8 · 15해방과 함께 석방되었다. 1948년, 미국으로 건너가 미네아폴리스의 노스웨스턴대학과 텍사스의 사우스웨스턴침례신학교에서 수학하였고, 김동명 목사와 결혼한 후 로스앤젤레스 한인침례교회를 개척했다. 그의 첫작품《죽으면 죽으리라》(1968년)는 영어와 일어로 번역되었으며 영화와 연극으로도 제작되었다.《죽으면 살리라》,《당신은 죽어요, 그런데 안 죽어요》,《그럴 수도 있지》,《낫고 싶어요》 등을 저술하여 많은 독자를 확보했으며 한국과 일본, 미국과 여러 나라를 순회하며 전도 · 간증 집회를 열었다. 마지막까지 왕성한 선교활동을 벌이다가 1997년 10월 19일 미국 로스앤젤레스의 선한사마리아병원에서 별세했다.

미국 시카고에서 안이숙 여사와
함께 찍은 사진 1980년 경.

제 3 부

체포와 옥중 생활

제 8 장

체 포[22]

1. 주기철 목사의 석방

1940년 4월 20일경, 주기철 목사가 가석방 되어 집으로 돌아왔다. 주목사의 석방은 신사참배 반대운동가들에게는 큰 기쁨의 소식이었다. 시급히 연락이 되었다. 전국에 흩어져 활동하고 있던 신사참배 반대운동 지도자들이 함께 모이게 되었다.

경남 밀양 마산리에 있던 한상동 목사가 올라오고, 채정민 목사, 최봉석 목사, 오윤선 전도사, 김인희 전도사, 김지성, 김의창 목사 등 기존의 평양의 지도자들 외에 만주지방에서 온 안동의 김형락 영수와 봉천의 박의흠 전도사, 평북 선천의 김인희 전도사 등 평양에 거주하면서 평북과 만주지역 신사참배 반대 운동 세력과 연결을 맺고 있던 반대 운동 지도자들이 처음으로 한 자리에 모이게 되었다.

---

22) 이 장의 일자별 자료는 평양지방법원의 「예심종결서」의 기록에 의존했음을 밝혀둡니다.

즉 평양과 평북, 경남과 만주 지역에서 신사참배 반대운동을 지휘하는 지도급 인사들의 회합이 이루어진 것이다.

오정모 사모와 주기철 목사

4월 20일~21일. 이틀동안 장소를 바꿔가며 모두 네 차례에 걸쳐 모임을 가졌다.

4월 20일. 먼저 김지성의 방에서 이인재, 최봉석, 김의창, 박관준이 모여 박관준 장로의 반대운동 결과를 보고하였다. 그리고 이인재 전도사의 방에서 최봉석, 채정민, 오윤선, 박관준, 김지성이 모였는데, 여기서는 채정민 목사가 설교를 하였고, 그후 신사참배 반대운동의 방침과 방법에 대해 논의를 하였다.

이 자리에서 박관준 장로는 참석자들에게 말하였다.

"현 정부는 기독교에 대한 신사참배를 강요함으로 멀지 않아 여호와 하나님의 진노를 받을 것입니다. 작년은 흉년이 들었습니다. 이와 같은 행위를 감행하는 한 흉년 혹은 불상사가 끊임없이 일어날 것입니다. 우리들은 끝까지 신사참배를 배격해야 할 것입니다".

4월 21일, 이날도 두 차례나 장소를 바꿔가며 회합을 가졌다. 낮에는 채정민 목사의 집에서 최봉석, 한상동, 오윤선, 이인재, 김지성, 김의창이 함께 모였다. 이 자리에서 한상동 목사가 설교를 하였다.

한상동 목사는 '하나님을 신뢰하라' 는 제목의 설교를 했다.

"신사참배 반대 운동으로 인해 일제로부터 어떠한 박해를 받더라도 끝까지 잘 참아야 합니다. 우리가 신앙으로 승리하기 위해서는 모든 것을 하나님에게 맡기고 오직 하나님의 뜻을 이루는 일에 최선을 다합시다".

이날 밤에는 이인재 전도사의 방에서 한상동, 김형락, 박의흠, 김인희, 이인재가 모여 서로 자신들이 살고있는 지방의 신사참배 반대운동 상황과 일제의 검속 가운데 수감자 현황을 점검하고 향후 신사참배 반대운동의 방향을 모색하였다.

4월 22일, 평양 장별리에 있는 채정민 목사 집에서 '주기철 목사 위문' 을 명분으로 한 신사참배 반대운동 지도자들의 회합이 이루어졌다. 이날 여기에 모인 사람은 다음과 같다. 주기철 목사, 오정모 사모, 채정민 목사, 최봉석 목사, 한상동 목사, 오윤선 전도사, 방계성 전도사, 안이숙 선생, 이인재 전도사, 김의창 목사, 이광록 집사, 김인희 전도사, 박의흠 전도사, 김형락 영수. 이들은 각 지역별 신사참배 반대운동의 현황을 점검한 후 반대운동 방향과 내용을 논의 하였는데, 이 때 한상동 목사가 경남지역의 운동을 예로 들면서 신사참배를 거부한 교회와 신도들로 '새로운 노회' 를 조직하자는 안을 제시했다. 즉 신사참배를 수용한 노회의 지시에 불복하고 노회 상납금을 거부하는 '관계 단절' 의 수준을 넘어 신사참배 거부 노선을 추구하는 '대항노회' 를 조직하는 운동을 전국적으로 전개하자는 제안이었다.

한상동 목사는 말하였다.

"현 정부는 기독교 신자들에게 신사참배를 강요하고 있기 때문에 하나님의 진노가 임하고 있습니다. 작년은 흉년으로 벼를 많이 거두지 못하였습니다. 정부가 이런 망령된 일을 강요하는 한 흉년뿐만 아니라 갖가지 불상사가 계속 될 것입니다. 우리는 끝까지 신사참배를 배격하여야 합니다."

참석한 모두가 그 말에 동의하였다.

한목사는 다시 말하였다.

"이제는 조직적으로 반대운동을 전개하되 전국적으로 실시하여야 합니다. 그리고 신사참배를 반대하는 사람들끼리 노회를 조직하여 교회를 살펴야 합니다."

이 때 주기철목사가 나섰다.

"그것은 안됩니다. 좀 깊이 생각해야 합니다. 조직적으로 반대운동을 실시하고 전국적으로 확산하면 피해가 막심하게 됩니다. 많은 희생자를 내어야 하기 때문에 지도자들이 반대하는 것으로 끝내고 전국적으로는 반대운동을 확산하지 않는 것이 좋을 것 같네요. 그리고 노회조직도 불가한 것이 앞으로 반대하는 지도자는 다 검거되고 환난을 당할 것인데 그것이 어찌 가능하겠습니까?"

주목사의 말도 타당성은 있었다.

그러나 한상동 목사는 주목사의 말이 너무 소극적인 것같아 반대 의견을 강하게 내세웠다.

"아닙니다. 반대운동을 전개하여야 합니다. 이미 반대운동은 실시되고 있습니다. 중단할 수 없습니다."

박의흠 전도사가 한목사의 말에 동의하였다.

"이미 우리는 순교를 각오하고 있습니다. 시작된 반대운동을 더 힘차게 전개해 나가야 합니다."

그러나 주기철 목사는 생각이 달랐다. 그는 옥중에서 말할 수 없는 고통에 시달렸다. 많은 기독교인들이 신사참배를 반대하고 나온다해도 결코 일제가 탄압을 중단하지 않는다는 것을 잘 알고 있었다. 전국적으로 반대운동을 일으켰을 때 아무런 성과는 없이 희생만 클 것이라고 단정한 것이었다.

주기철 목사는 걱정스러운 표정으로 말하였다.

"지금 이 정도의 반대 운동에도 심하게 탄압을 가하는데 전국적으로 반대운동을 펼친다면 그 희생만 많아집니다. 우리 지도자들이 묵묵히 신사참배에 불참하는 것으로 만족하는 것이 좋을 것 같습니다."

"아닙니다. 반대운동을 펼쳐야 합니다. 지금 평양이나 평북지방에 대대적으로 반대운동을 전개하고 있습니다. 경남지방도 저와 이인재 전도사가 순회해 보니 호응이 좋았습니다. 이것을 전국적 조직으로 펼쳐나가야 합니다."

한상동 목사가 열을 올리며 신사참배 반대운동의 활성화를 강조하였다.

이날 신사참배 반대운동을 전국적으로 펼쳐나가는데는 의견이 모아지지 않았다. 주기철 목사가 반대하였기 때문이었다. 주목사는 조선교회의 희생을 최소한 막아보자는 것이었고, 전국적 조직망으로 전개할 때 일제가 가만히 있지 않을 것을 염려하였기 때문이었다.

반대하는 사람을 모조리 잡아들이면 그 희생은 실로 클 수 밖에 없기 때문이다.

주 목사는 이렇게 염려하였다.

"무엇보다 우리 지도자들이 기도를 많이 해야 하고 시험에 넘어지지 않아야 합니다. 하나님께서 힘을 주시지 않으시면 우리는 별 수 없이 넘어집니다. 그러나 하나님께서 함께하시면 담대히 이 난국을 헤쳐 나갈 수 있습니다. 문제는 우리 지도자들의 신앙문제입니다. 문제는 숫자가 아니고 질(質)입니다. 한 사람이라도 참 하나님을 두려워하고 마귀의 올무에 걸리지 않으면 조선교회는 삽니다."

비록 합의된 결론은 나오지 않았지만 이날 모임은 남북 신사참배 반대운동 지도자들의 첫 회합이었다는 점과 신사참배 반대운동의 방향을 '어용 노회' 해산과 '신 노회' 결성을 목표로 한 동지 규합으로 잡았다는 점에서 주요한 의미를 지닌다.

1940년 4월 23일, 주기철 목사의 석방을 기하여 평양 채정민 목사의 집에서 회합하였던 신사참배 반대 운동 지도자들은 각 지역으로 흩어져 '새 노회' 건설을 목표로 '신앙 동지'를 포섭하기 위해 노력하기로 결의했다. 각 지역 대표자들은 흩어지지기 전에 다시 한 번 모여 운동 방향에 대해 논의하였다. 이병희 집사 집에서 가진 이날 모임에서 한상동 목사, 이인재 전도사, 김형락 영수, 박의흠 전도사, 김인희 전도사 등은 궁성요배 문제에 대해서도 논의하였다. 이 자리에서 김인희 전도사와 박의흠 전도사, 그리고 김형락 영수의 주장을 받아들여 "궁성요배는 우리들 같은 인간인 천황폐하를 고의로 신으로 경배하는 결과밖에 안되는 것이요 또한 성경이 금하는 우상숭배인고로 결단코 행해서는 안된다"고 결론을 내림으로 이날 이후 신사참배와 함께 궁성요배도 거부 대상이 되었다.

1940년 4월 24일, 이인재 전도사는 김인희 전도사를 만났다. 김인희 전도사는 이인재 전도사에게 2백원의 돈을 내밀었다.

"이것을 신사참배 반대운동 기금에 사용하도록 한상동 목사님께 전하여 주시오."

"감사합니다."

이인재는 그 돈을 받아 간직하고 있다가 4월 27일 한상동 목사가 부산으로 내려 가기 위해 평양역에 나왔을 때 역구내에서 그것을 전달하였다.

"목사님, 몸조심하시고 뜻을 펴십시오."

"그래요. 이 전도사님은 여기 남아 계속 반대운동에 힘쓰시오. 그러나 이 정부가 우리를 그냥 둘 것 같지 않습니다."

한상동 목사는 마음에 집히는 것이 있는 듯 딴 곳을 바라보며 말하였다. 그리고 부산행 완행 열차에 몸을 실었다.

2. 이인재 전도사의 체포

이인재 전도사는 폐교되어 있는 평양신학교 기숙사에 거처하고 있었다.

1940년 5월 13일, 광주에서 올라온 강순명 목사를 기숙사에서 만났다. 그리고 신사참배 불참에 대한 대화를 나누고 있었다.

이때 평양 종로경찰서 고등계 형사 둘이 나타났다. 한 사람은 낯이 익은 유(兪)부장이었다. 유부장은 이인재를 보자 대뜸 손에 포승을 채웠다.

"많이 찾아 다녔지, 구니모도(國本)상, 오늘은 어쩔 수 없이 함께 가야 하겠소!"

구니모도는 이인재 전도사의 일본말 성씨명이었다. 그는 유부장에게 말하였다.

"어인 일이십니까?"

"몰라서 물어? 당신은 신사참배 반대 운동자로서 죄목은 불온언행혐의죄야."

유부장은 책상위에 진열된 책들을 뒤졌다. 그 곳에서 일기장을 찾아내었다. 일기장에는 그가 남북을 오가며 활동했던 신사참배 반대운동에 대한 내용이 적혀 있었다. 만난 사람들의 이름과 건네준 돈의 액수까지 소상하게 기록되어 있었다.

"좋았어! 이것이면 충분해!"

유부장은 쾌재(快哉)를 불렀다.

이인재 전도사는 종로경찰서로 연행되었다. 그리고 유치장에 감금되었다.

제 9 장

일제 검속과 검찰 기소

1. 1940년 9월 20일, 일제 검속

일본 경찰 당국은 1940년 9월 20일 실시한 '일제 검속' 에서 함경도를 제외한 전국에서 신사참배 반대운동 혐의자 193명을 체포하였다고 발표하였다. 이러한 신사참배 반대운동 지도자들에 대한 경찰의 연행은 한 순간에 이루어진 것이 아니라 장시간(長時間)에 걸쳐서 그리고 지역별로 시차(時差)를 두고 진행된 것으로 볼 수 있다. 이렇게 추론 할 수 있는 근거는 경찰측이 작성한 피의자 조서에 나타난 지도자들의 마지막 활약 시점이다. 피의자 조서에 의하면 채정민을 비롯한 평양 지도자들은 4월 22~24일 행적으로 끝나며, 이기선을 비롯한 평북의 지도자들은 5월 중순, 한상동을 비롯한 경남의 지도자들은 6월 말까지 활동한 것으로 나타난다. 다만 평양의 오윤선 전도사의 경우엔 9월 11일 수안에 가서 설교한 상황까지 언급되

평양형무소 전경

고 있어 그는 다른 평양의 지도자들과는 별도로 9월 말에 체포된 것으로 보인다.

일제 경찰 당국은 정보망을 총동원하여 신사참배 반대운동 지도자들을 추적하여 정보를 수집하였다. 그래서 이 운동의 거점인 평양지역을 필두로 평북과 경남지역 운동 지도자들을 검거하였다. 즉 제일 먼저 1940년 5월에 채정민, 이인재, 이광록, 안이숙, 방계성, 김인희 등 평양 지도자들을 체포하였고, 6월에는 이기선, 고흥봉, 김형락, 서정환, 장두희 등 평북지방에서 활동하던 지도자들을, 그리고 7월에는 한상동, 주남선, 최덕지, 이현속 등 경남지방 지도자들을 체포하였다. 다만 손명복 목사만은 평양의 오윤선 전도사의 경우와 같이 9월초에 검속되었다.

경찰 당국은 조사과정에서 그동안 이들 지도자들과 접촉했던 교회 목회자들과 평신도들에 대한 신상 정보를 알게 되었고 이를 통해 전국에 퍼져 있는 신사참배 반대운동 조직망(network)을 파악할 수 있게 되었다. 신사참배 반대운동 지도자들에 대한 일제의 검속은 총독부 경무국과 법무국, 고등법원 검사국의 합동작전으로 추진되어 마침내 9월 20일 새벽, 함경도를 제외한 전국에서 신사참배 반대운동자들에 대한 일제 검속을 단행하게 되었고 193명을 체포하게 된 것이다. 물론 이 숫자는 이미 5월부터 검속된 신사참배 반대운동 지도자들을 포함한 숫자로 보아야 한다. 이러한 일제의 검속은 비밀작전으로 단행되었기에 일반인들은 사건 이틀 후, 〈매일신보(每日新報)〉[23]를 통해 기독교인들의 검거 사실을 비로소 알게 되었다.

「이번 지나사변[24] 이후 각 종교단체에서는 신앙보국(信仰報國)으로 총후(銃後)의 정성을 다해왔는데 최근 기독교의 일부 신자 중에는 이 비상시국에 용납못할 불순한 행동과 반국책적인 결사를 조직하는 혐의가 있어 총독부 경무국에서는 각도 경찰부를 동원시켜 전조선적으로 다수한 교역자(教役者)들을 검거하고 취조를 개시하였다. 이 검거는 주로 장로교(長老教) 계통의 교역자가 거의 전부인 모양인데 이십일 새벽 네시를 기해서 일제히 검거를 착수한 것이며 한편으로 기사 게제를 금지하였던 바 이제 이십일일 오후 별항과 같은 담화로서 이번 사건의 일단을 발표하였다.」[25]

이어 〈매일신보〉는 총독부 경무국 명의로 발표된 담화문을 소개

23) 일제강점기에 조선총독부 기관지로 발행되던 한국어 일간신문이다. 매일신보는 1904년 7월 18일 영국인 배설(裵說: Ernes Thomas Bethell)이 창간한 『대한매일신보』(大韓每日新報)》를 일제가 사들여 국권침탈 직후인 1910년 8월 30일부터 '대한' 두 자를 떼고 『매일신보(每日新報)』로 개제한 것이다. 경영상으로는 일어판 기관지인 『경성일보(京城日報)』에 통합, 『경성일보』의 일본인 사장과 편집국장이 집권하여 일제의 한국통치를 합리화하고, '내선일체(內鮮一體)' 를 주장하는 논조로 발간하였다.

24) 1937년 7월부터 일본의 침략으로 중국 전국토에 전개된 중일전쟁(中日戰爭)을 말한다.

25) 「매일신보」, 1940. 9. 22

하여 총독부 기관지로서 자기 역할에 충실하였다.

「최근 조선 야소교도중의 일부 불량분자가 비밀결사(秘密結社)를 결성하고 이것을 모체로 해서 전조선적으로 불온한 획책을 하였을 뿐 아니라 천황(天皇)과 황대신궁(皇大神宮)에 대하여 불경한 언동 혹은 군사에 관한 조언비어(造言蜚語) 총후국민(銃後國民)에 대한 반관(反官)과 반국가적(反國家的)인 기운을 만드는 등 악질적인 범죄를 감행한 것이 판명되었다. 그래서 시국하의 전시체제를 문란케 하는 이러한 비국민적 행동에 대해서는 총후치안확보를 생각해서 21일 전조선 일제히 검거를 단행한 것이다. 그러니 당국으로서는 이번 검거로 말미암아 종교의 선포(宣布), 기타 행위에 대하여 방해압박같은 것은 절대 생각하지 않고 있다. 그럼으로 야소교도들중의 불순한 분자를 일소함으로서 종래 조선에 특수한 경향하에 가져오던 야소교도로서 이번 일을 계기로 순화갱생(純化更生)하여써 황국신민으로서의 자격을 새롭게 하고 종교보국으로 매진하기를 절실히 바라마지 않는 바이다」[26]

경무국의 담화문을 요약하면, '불량한' 일부 기독교인들이 '반국가적' 비밀결사를 조직하여 천황 및 신궁을 모독하는 행위를 하였을 뿐 아니라 군사(전쟁) 관련 유언비어를 퍼뜨림으로 전시 총후보국(銃後報國) 체제를 문란케 했다는 혐의로 '전조선' 에 걸쳐 일제 검거를 단행하였다는 것이다. 그리고 이 같은 기독교인 검거가 종교의 선포 행위에 대한 박해나 압박 의도에서 비롯된 것이 아님을 강조하며 이 사건이 '종교박해 사건' 으로 해석되는 것을 막으려 하였다.

---

26) 『매일신보』, 1940. 9. 22

일제 당국이 총독부 차원에서 이 사건을 다룬 것은 기독교인들의 신사참배 반대운동이 반국자적인 '비밀결사' 조직으로 연결될 것을 우려했기 때문이었다.

2. 1941년 5월 15일, 검찰의 기소

1940년 9월 20일 '일제 검속'으로 전국에서 193명을 체포한 후 각 지역 경찰서별로 혐의자를 8개월 동안 기소조차 하지 않은 채 조사하였다. 혐의가 가볍거나 신사 참배를 수용하겠다고 서약한 피의자들을 석방하고 1941년 5월 15일, 남은 86명의 피의자 명단과 함께 사건 자체를 평양지방법원 검사국에 송치하였다. 이 때부터 사건은 평양지검에서 담당하게 되었고 지방에서 조사를 받던 피의자들이 평양으로 압송되었다. 이것은 1938년 이후 평양이 신사참배 반대운동의 중심 거점이 되었던 관계로 각 지역별로 진행되던 조사를 평양으로 통합하여 단일사건, 즉 전국 단위의 '비밀결사' 조직 기도사건으로 처리하려는 경찰당국의 의지가 작용한 결과다.

그리하여 이기선 목사를 비롯한 고흥봉, 서정환, 장우희, 양대록, 김화준, 박신근 등 평북지역 신사참배 반대운동 지도자들이 평양으로 이송되었고 1939년 영변에서 검속된 후 신의주 경찰서에 구금되어 있던 박관준 장로도 평양으로 이송되었다. 한상동 목사를 비롯한 주남선, 최상림, 이현속, 조수옥 등 경남지역 신사참배 반대운동 지도자들도 평양으로 이송되어 평양과 평북지역 지도자들과 함께 조사받기 시작했다. 이로써 자의로 이루어진 것은 아니지만, 전국의 신사참배 반대운동 지도자들이 다시 평양에 모이게 되었다. 주기철 목사 석방 위로를 겸하여 열렸던 1940년 4월 22일의 평양 채정민 목사 사택 회합 이후 15개월 만의 일이었다. 평양경찰서 유치장에서 주기철 목사를 다시 만난 한상동 목사의 증언이다.

「내가 부산에서 검속된 지 1개월이 지난 1941년 7월 10일에 평양으로 옮겨 갔다. 평양경찰서에서 하룻밤을 지냈는데, 주님의 은혜로 뜻하지 않게 지금은 (1953년) 순교하시고 안 계신 주기철 목사님이 갇혀 계신 방으로 들여 보내 주었다. 나는 너무도 반가왔다. 나는 그 방을 참으로 잊을 수 없다. 주 목사님과 어떤 이야기도 하지 못하게 했다. 주 목사님과는 마지막 말씀할 기회라 생각하고 이미 나는 각오하고 있었다. '연로하신 어머님을 두고 나 먼저 세상을 떠나는 것은...' 하시고 다음은 말씀하시지 못하였다. 간수가 '주 목사님 말씀 다 했지요' 하고 방해 하였다. 부산과 다름없는 평양 간수였다. 그러자 주 목사님은 눈물에 잠기어 침묵하셨다.」

검찰 조사가 진행되면서 피의자들은 경찰서에서 형무소로 옮겨졌다. 8월 25일 평양시내 여러 경찰서에 분산 수용되어 있던 피의자들이 평양형무소로 이감된 것이다. 주기철 목사도 이 때 서성리 창광산 아래 있는 평양 형무소로 이감되었다. 이 과정에서 신사참배 반대 운동 지도자들은 다시 한번 전체적으로 만나게 된다. 이들의 관심은 가장 오랜 기간, 가장 혹독한 시련을 겪으면서도 신앙의 지조를 지킴으로 신사참배 반대 운동의 정신적 지주로 부각된 주기철 목사에게 쏠려 있었다. 한상동 목사와 함께 경남지역 반대운동을 이끌다가 체포되어 올라온 주남선 목사의 증언이다.

「1941년 8월 25일 갑자기 우리 일행을 불러 내어 형무소로 데리고 갔다. 문 앞의 차에서 나섰을 때 최상림 목사가 주기철 목사를 향해보고, '주 목사는 얼굴에 광채가 난다' 고 하여 그 말을 듣고 서로 밝은 기쁨이 충만하였다. 다시 나오지 못할 옥문을 열고 들어가는 순교자의 얼굴에는 기쁨이 충만하였던 것이다.」

평양경찰서 유치장 안에서 1년 가까이 주기철 목사와 무언의 '손가락 대화' 를 나누었던 안이숙도 같은 내용을 증언하였다.

「사무실에는 성도들이 모두 제각기 소지품을 간수에게 맡기고 자기의 이름을 대신할 번호표를 받고 있었다. 나는 다시금 그들의 얼굴을 하나씩 자세히 보았다. 주 목사의 조각상같이 희고 아름다운 얼굴, 안질로 인한 빨간 눈에는 눈꼽이 아직도 끼었었다. 나는 쏟아질 듯한 설움을 꾹 참고 절을 했다. 그도 절을 하고 미소를 띠었다.」

이로써 평양형무소는 신사참배 반대운동 지도자들의 집합소가 되었다. 다른 지역에서도 유사한 혐의로 기독교인들이 구속되어 고난당한 예가 없지 않았지만 수감자의 규모(68명)나 혐의 내용(비밀결사 조직음모)에서 평양형무소 수준을 따르지 못하였다. 평양이 한국 교회 신사참배 반대 운동의 구심점이 되었듯 평양형무소는 신사참배 거부로 인한 한국 교회 수난의 대표적 현장이 되었다.

제 10 장

평양 종로경찰서 유치장 생활

1. 이인재 전도사의 유치장 감금

1940년 5월 13일, 이인재 전도사는 폐교된 평양신학교 기숙사에서 평양 종로경찰서 고등계 형사 두 사람에게 체포되어 경찰서로 연행, 유치장에 감금되었다. 이 때 이인재를 체포한 사람은 유부장과 오형사로 이미 이인재와는 낯이 많이 익은 고등계 형사였었다. 당시 종로경찰서에는 사상범들을 잡아들이는데 활동하는 고등계 형사가 40명, 일반 잡범들을 잡는데 뛰는 형사가 40명, 도합 80여명의 형사가 있었다. 고등계 형사가 나타났다 하면 고양이 앞에 쥐처럼 부들부들 떨 정도로 그 기세는 대단했다. 그런 때에 이인재를 체포하기 위해 형사 부장이 직접 나선 것이었다.

유 부장은 이인재를 보자 대뜸 손에 포승을 지웠다. 그리고 곧바로 평양 종로경찰서로 연행해갔다. 그리고 곧장 지하에 있는 유치장으로 데리고 갔다. 유치장 안으로 들어서니까 마치 소 외양간에서

종로경찰서

풍겨나는 것 같은 고약한 냄새가 코를 찔러 속이 뒤집힐 것 같았는데 이인재는 꾹 참았다. 유치장은 시멘트 바닥으로 된 긴 복도를 가운데 두고 양쪽으로 감방이 쭉 붙어 있었다.

감방마다 초만원이었다. 어떤 감방은 누울 자리가 없어서 몇 사람은 눕지 못하고 쪼그리고 앉아 자고 있었다.

그날, 오후 3시가 지나서 유부장은 이인재를 불러냈다. 그러고는 3층 고등계 형사실로 데려갔다. 이인재가 형사실에 들어서자 유부장은 느닷없이 뺨을 갈겼다.

"이 미친놈!"

눈앞에 불길이 튀었다. 구둣발로 아래를 걷어차는 것이었다. 사실 이것은 형사실에서는 흔히 볼 수 있는 취조의 시작이었다. 이인재는 유부장의 갑작스러운 행동에는 별 관심이 없었고 그의 입에서 튀어나온 말에 흥미가 있었다. "이 미친 놈!"

이 말에 이인재는 조용히 대답했다.

"여보시오 형사부장 나으리, 내가 덜 미쳐서 한입니다. 나도 사도 바울처럼 좀 더 예수에 미쳤으면 참으로 좋겠소!"

이인재의 뜻밖의 말에 유부장은 발길질을 멈추고 빤히 바라보며 반문하였다.

"뭐라구? 미쳤으며 좋겠다구?"

"그래요. 내가 우리 예수님으로 미칠 수 있다면 얼마나 좋겠어요? 그러나 미치지 못하여 한(恨)이 될 뿐이요."

그 말에 유부장은 어이가 없는 듯 빤히 이인재를 바라보다가 자기 자리로 가서 앉으며 말했다.

"정말 미쳤군! 완전히 돌아버린 거야!"

유부장은 책상 위에 종이를 펴고 펜을 잡았다. 취조문을 작성하기 위해서였다.

순간 이인재는 자신을 돌아보았다. 그리고 유부장의 말을 되새겨 보았다.

'미친 놈! 그렇다. 그 말이 이인재 자신에게 맞는 말일런지 모른다. 세상 사람이 볼때는 완전히 미친 일임이 분명하다. 순간 지난 일들이 스쳐 지나갔다.

면 서기 시절, 자신이 몸담고 있던 면사무소에서 13년동안 근면하고 착실하게 일했다. 집에서 면사무소까지 십오리길이지만 하루도 결근한 일이 없었다. 밀양 상남면사무소의 민형식 면장 뿐 아니라 모든 직원 심지어 면 산하 모든 사람들에게 신임을 받았다. 심지어 면장으로 추대되기까지 하였다. 그러나 그 자리를 마다하고 그는 평양신학교에 입학했다.

신사참배 문제 때문에 큰 딸 정희와 자신의 동생 이희재를 밀양

공립학교인 상남초등학교에서 퇴학시키고 평양으로 데려왔다. 모범생으로 학교에서 칭찬 받는 아이들을 데리고 와서 빈민학원에 넣었다.

일본 경찰들과 맞서 신사참배 반대 운동을 하고 폐교된 평양신학교를 다시 살리기 위해 비밀리 학생들을 모으고 교수들을 찾아다닌 일들도 있었다. 그렇다. 이런 모든 것들이 정상적인 것은 아니었다. 사람의 편에서 볼 때는 미친 놈의 짓인지 모른다. 그러나 오늘에 이르기까지 그가 취한 행동이나 생활자체는 하나님의 역사로 되어진 것이 아닌가?

이인재는 유부장의 말에 오히려 희열(喜悅)을 느꼈다. 성령님이 이인재의 마음속에 강하게 역사하고 있었다. 그의 육신은 이제 매인 몸이 되긴 했지만 그의 마음은 하늘을 날고 있는 종달새처럼 한없이 자유롭고 기뻤다. 유부장은 묻기 시작하였다. 본적, 주소, 성명, 학력, 그리고는 신사참배 불참의 동기와 이유, 반대운동을 하러 다닌 배경과 행로 등등.

이인재는 유부장이 묻는 것에 하나 숨김없이 대답하였다. 그렇게 되니 유부장도 평온을 찾은 듯 조용조용 얘기하기 시작했다.

취조가 끝나자 지하 유치장 3호 감방에 구금되었다. 유치장 신세를 지기는 난생 처음이었다. 그것도 다른 죄를 지어서가 아니고 예수님 때문에 구금(拘禁)된 되었기에 그의 마음은 평온하였다.

2. 유치장 3호 감방

유치장은 지하였기 때문에 햇빛이 들어오지 않았다. 낮인지 밤인지 분별할 수 없었다. 이인재는 잡혀올 때 입고 있던 춘추복 양복을 그대로 입고 있었다. 여섯 평 정도의 작은 방에 잡범(雜犯)들 20명 정도와 함께 기거(寄居)하였다.

유치장 감방은 복도를 중간에 두고 좌우에 같은 크기의 방이 이어져 있었다. 감방이 10개 정도였다.

오후 5시가 되니 저녁식사가 나왔다. 낡은 백철 도시락 그릇에 콩과 좁쌀로 된 잡곡밥이 조금 담겨있었다.

감방에 새 죄수가 들어와서 반가운 이들은 앞서 들어와 있던 죄수들이었다. 그 이유는 처음 들어온 죄수들은 유치장 식사에 길들여 있지 않아서 얼마 동안은 그 밥을 먹지 못하기 때문이다. 못 먹고 밀어내면 서로 나누어 먹는 재미가 그들에게 있었던 것이다.

사실은 처음 끌려온 죄수들은 자신이 억울하게 들어왔다는 분함과 갑자기 바뀐 환경 때문에 밥을 먹을 수가 없다. 더군다나 유치장 밥은 더욱 더 먹기가 힘들다.

이인재 전도사가 들어 왔을 때도 앞서 자리한 죄수들의 기대는 마찬가지였다. 그러나 이인재는 첫날 저녁에 들어온 밥을 한술도 남기지 않고 다 먹었다.

그는 자신의 형편을 살펴볼 때 빨리 나갈 수 있을 것을 기대하지 않았다. 장기간 갇혀 있어야 할 것이라고 여겼다. 그러기 위해서는 건강을 유지하여야만 했고 건강을 위하여는 맛이 있든지 없든지 주는 음식을 먹어 두어야만 했다.

그러니 앞서 유치장에 들어온 죄수들의 실망은 이만저만이 아니었다. 자기들 몫 외의 밥을 한 술 더 먹을 수 있으리라고 기대하였는데 그것이 완전히 무산되어 버린 것이었다.

3. 취조관들

몇 차례 불려나가 취조를 받았다. 이인재가 그 동안 쓴 일기장이 그들의 손에 있었기 때문에 일기장을 세밀히 검토한 후 그 내용들에 대해 물었다. 일기장에는 누구를 만나고 어디서 무슨 설교를 어떻게 하였는지 소상히 기록되어 있었다. 그러니 이인재에 대하여 별로 조사할 것이 없었다. 일기장에 기록된 것을 재확인만 하면 되는 것이었다.

평안남도 경찰국 구가 경시는 일기장을 다 검토하고 이인재에게 말하였다.

"여기 기록된 설교들은 신사참배 반대운동을 목적으로 작성된 설교가 아닌가?"

"목적을 그 한 가지에만 둔 것은 아닙니다. 나의 순수한 목적은 복음을 바로 전하는데 있습니다. 진리를 바르게 증거하려고 하다보니 신사참배를 자연히 반대할 수 밖에요."

"순전히 신사참배 반대만을 강조하고 있는데 이것이 어찌 신사참배 반대운동을 목적으로 만들어진 설교가 아니라고 할 수 있는가?"

"그렇게 생각되면 그렇게 인정하십시요. 그것도 무리가 아닙니다."

구가 경시와 둘러 선 취조관들이 기탄없이 말하는 이인재 전도사를 보면서 사뭇 놀라는 기색이었다.

구가 경시는 평안남도 도청 경찰국의 고급관리였다. 그는 지금 검찰국에 조서를 넘기기 위하여 이인재를 심문하는 중이었다.

"예수가 재림을 한다는데 그게 사실인가?"

"그렇습니다. 예수님은 구름을 타고 다시 오십니다."

"무엇하러 오는가?"

"세상을 심판하시기 위하여 오십니다. 그 때는 지구상 모든 사람들이 심판대 앞에 서게 됩니다."

"그럼 대 일본 제국의 천황폐하에게도 해당된단 말인가?"

"그렇습니다. 그도 사람이기 때문입니다. 사람은 다 죄인이요. 심판을 받게 됩니다."

"그만!"

구가 경시는 이인재의 입을 막았다. 구가경부가 그의 담대함에 두려움을 느끼고 있는 것 같았다.

"더 이상 묻지 않겠어. 그만 가보시오."

이인재가 자리에서 일어나 가려는데 옆에 서 있던 취조관들이 속삭였다.

"이인재는 주기철처럼 외유내강(外柔內剛)이야."

4. 원수를 친구처럼

성령님께서 강하게 이인재 전도사의 마음을 움직이고 있었다. 어떤 경우에도 두려움이 생겨나지 않았다.

취조를 받을 때마다 성령님의 강한 역사가 있었음을 자신도 알았고 취조관들까지 이것을 느끼는 것 같았다. 취조를 받고 돌아오면서 이인재의 마음에 기쁨이 충만하였다.

처음 들어오던 날, 그의 뺨을 때리고 발길질 한 유부장을 이해할 수 있었다. 인간적으로 이인재가 미워 그런 것이 아니고 고등계 형사부장의 체면 때문에 그랬을 것이라는 생각이 들었다.

조선 사람으로 일본 상관들에게 잘 보여야 했기 때문에 그랬을 것이라고 생각이 들자 불쌍한 마음을 가지게 되었다.

이인재의 마음속엔 일본 경찰이나 조선 형사들이나 모두가 불행한 시대에 태어나 악역을 담당해야 하는 가여운 인간들이라는 생각이 있었다.

그래서인지 그들의 가혹한 행위가 다 용서되었고 친구로 삼고 싶은 생각까지 들었다. 특히 악명 높은 유부장까지도.

이런 마음이 생겨진 것은 이인재의 마음속에 성령님이 강하게 역사하였기 때문이다. 예수님의 사랑을 그가 몸소 체험하게 된 것이다.

5. 첫 면회

평양 종로 경찰서 유치장에 구금된 지 3개월이 지났다. 그 때까지 면회는 일절 허락되지 않았다. 이것은 상부의 명령이었다.

1940년 8월 중순께 몹시 무더운 어느 날이었다.

"구니모도상 면회요!"

간수의 외치는 말에 이인재는 귀를 의심하였다.

"구니모도상 뭣해요, 나오지 않고."

간수 뒤에 유부장이 서 있었다. 이인재는 유부장의 지시에 따라 유치장에서 나왔다. 지하에서 지상 3층으로 올라갔다. 계단을 밟고 올라갈 때 다리가 후들 후들 떨렸다.

석 달 동안 유치장 안에서 콩과 좁쌀밥만 한 웅큼씩 먹고 지냈기 때문에 영양실조에 걸린 것이었다.

피도 많이 부족하였고 게다가 햇빛을 전연 보지 못한 상태여서 얼굴과 수족이 창백하였다. 머리털은 길어 귀를 덮었고 여름이라 머리에서 이가 득실거렸다.

마실 물을 잘 주지 않아 목이 많이 탔다. 그 때마다 차라리 고문이라도 당하여 물을 좀 마실 수 있었으면 하기도 했다. 잡범들이 이야기하기를 고문을 당할 때 거꾸로 매달아 놓고 물을 먹인다는 것이었다. 얼마나 목이 탔으면 물고문이 그립기까지 했을까?

지난 석 달 동안은 육체적으로 참으로 견디기 어려운 시기였다. 하나님께서 주신 신령한 힘이 아니었다면 결코 버텨내지 못했을 것이다.

간신히 3층으로 올라왔다. 취조실이었다. 유부장이 면회온 가족을 대면시켜 주었다.

사랑하는 부인이 와 있었다.

창백하고 여윈 이인재 전도사의 모습을 보는 순간 부인의 눈에선 눈물이 흘러 내렸다. 흐느끼는 것이었다.

"울지 마시오. 주님의 고난을 생각하여야지."

오히려 이인재가 부인을 위로하였다. 부인이 가지고 온 음식을 풀어 놓고 기도하였다. 감사와 감격의 눈물이 흘러 내렸다. 소고기 국밥을 먹었다. 너무나 오래간만이었다. 기름기있는 음식을 먹으니 몸에 힘이 솟았다. 토마토를 먹었다. 붉은 토마토는 그대로 피가 되어 혈관을 따라 흐르는 것 같았다.

창문 밖을 내다보았다. 밝은 햇살이 거리에 깔려 있었다. 골고루 비추는 저 햇살도 유치장 안에서만은 누리지를 못한다. 인간사회에서 격리되었음을 말하는 것이다.

평양 종로거리에 많은 사람들이 자유롭게 오갔다. 저런 세계에

나도 살았던가... 아득한 생각만 들었다.

지금 자신의 처지를 생각해 보니 마치 꿈을 꾸고 있는 것 같았다. 예수 따라가는 길이 이렇게도 험하고 좁은 것인가?

이인재는 생각을 추스르고 아내를 바라보았다. 많이 염려한 모습이었다.

"부인, 염려하지 마시오. 나는 잘 지내고 있으니 걱정마오. 그리고 아이들 잘 보살피시오."

"집안 일은 염려마시고, 당신이나 조심하시오."

"다음 번에 올 때는 머리빗을 하나 사가지고 오시오. 참빗 말이오. 머리에 이가 득실거려서 견딜수가 없어요."

"알았습니다. 다른 필요한 것은 없나요?"

"다른 것은 필요가 없어요. 유치장 규칙에 따라야 하니까요."

그렇게 첫 면회는 끝이 났다.

6. 두 번째 면회

첫 면회가 허락된 뒤부터 매주 한 번씩 면회가 가능해졌다.

일주일 후에 부인이 다시 면회를 왔다. 부인의 손에 참빗이 들려 있었다. 빗을 받아 머리를 빗는 이인재의 모습을 바라보면서 고등계 형사과 차석, 사사기 경사가 입을 열었다.

"훙, 이제 예수 다 되어 가는군!"

빈정대는 말이었지만 듣기 싫지가 않았다.

머리가 길어 그 모습이 꼭 예수님같다는 말이었다. 그 말을 들으며 이인재는 겉모습만 예수님 같을 것이 아니라 마음도 예수님 같았으면 좋겠다고 간절히 소망하였다.

유치장 감방에 돌아온 이인재는 감방 안의 죄수들에게도 선물을 나누어 주었다. 부인이 갖고 온 눈깔사탕 두 개씩이었다.

순식간에 감방 안은 명절날 분위기가 되었다. 죄수들 모두 기뻐하며 어린아이들처럼 어깨를 들석였다.

빗은 이인재 전도사에게만 해당이 되었다. 유치장에서 석달 이상 있는 죄수는 별로 없었다. 그러니 머리 빗이 그들에게는 소용이 없었다. 참빗으로 머리를 빗으니 깨알같은 이가 머리에서 툭툭 떨어졌다.

이인재는 머리를 빗고 이를 잡으면서 부인에 대한 고마움을 새삼 느꼈다.

제 11 장

가족들의 수난

1. 이인재의 부인: 신을라(申乙羅)

이인재 전도사의 부인인 신을라는 1909년 1월 9일 조선조때 양반 가문이었던 평산신씨(平山申氏) 신덕균(申德均)과 벽진이씨(碧珍李氏) 이재순(李才順)사이에서 1남 3녀중 3녀로 출생했다. 하지만 조선조의 멸망과 더불어 가문도 몰락하게 되어 신씨는 홀어머니 밑에서 어렵게 자라다가 1916년, 청년 이인재를 만나 첫 눈에 반하여 결혼하게 되었다.

신을라(申乙羅)란 호적명의 취득 사연은 이렇다. 신씨가 출생한 후 면사무소에서 면서기가 하루는 집에 찾아와서 그의 출생신고를 도와 주었다. 면서기가 물었다.

'그 아기 이름이 무엇이오?'

'얼라(어린애)요?'

그렇게 한 것이 그만 '을라(乙羅)' 로 호적에 등재되어 버린 것이다.

부인 신씨가 그 이름을 몹시 싫어했다. 그런 탓에 결혼 후 이인재는 그 이름을 신상이(申相伊)로 개명(改名)해 주었다.

신상이는 여자로서 밀양마산교회의 초대 집사로 선출될만큼 그 신앙과 인격이 남달랐다.[27] 그리고 언제든 손님 대접에 앞장섰던 섬김의 사람이었다.

2. 가족들의 고생

1938년, 이인재는 13년간 몸담고 있던 면사무소 면서기직을 사임(辭任)하였다. 그는 면민들 뿐만 아니라 상사들에게서도 칭찬을 받는 공무원이었지만 그 모든 것을 포기하고 신학공부를 하기 위해 평양으로 떠났다. 그것은 그가 그토록 하고 싶어했던 학문 탐구의 길이요, 하나님의 부르심에 대한 분명한 응답이었기 때문이다. 이 때부터 시작된 가족들의 고생은 이만저만한 것이 아니었다. 타향살이의 설움, 가난과의 싸움, 그리고 신사참배 반대로 인한 수감 생활...

1939년 가을, 이인재가 평양으로 신학공부를 위해 떠난 후부터 뒤따른 그의 가족들의 고생은 이만저만이 아니었다.

1940년 5월 13일, 이인재는 폐교된 평양신학교 기숙사에서 고등계 형사 두명에게 연행되어 갔다. 그때 그는 가족들에게 "걱정 말라"라는 한마디를 남겼다. 그리고 평양 종로 경찰서에 수감되었다.

---

27) 1930년 12월 4일, 제1회 밀양마산교회 당회록 기록에 의하면, "...교회 직원을 개선하니 영수는 박윤선씨, 남집사는 이문길씨. 이주원씨, 여집사는 신상이씨를 택하다"라고 기록되어 있다. 리쥬원은 이인재의 집에서 부르는 또 다른 이름이니 두 부부가 나란히 역사와 전통이 있는 밀양마산교회의 초대 집사로 선출된 셈이다.

이인재의 부인 신을라(중앙)
큰 딸 정희(왼쪽 뒤) 아들 이정빈(오른쪽)
둘째 딸 이수옥(왼쪽 앞)

이때부터 그의 가족들은 계속 형사들의 감시를 받게 되었다. 한번은 형사들이 밤중에 가족들의 임시거처인 폐교된 평양신학교 기숙사에 찾아 왔다. 그들은 방 창문 밖에서 방안을 몰래 들여다 보았다. 이인재의 부인 신을라는 깜짝 놀라 비명을 질렀다. 그 소리에 방에서 잠자던 3남매도 놀라 소스라지게 되었다. 이때 아이들이 떨고 있는 것을 본 일본 형사는 방안으로 들어와 말했다.

"내니 두려워 말라. 내가 예수다"

이런 일이 몇 차례 반복되면서 가족들도 차차 '감시당하는 일' 에 익숙해지게 되었다.

이인재가 평양 종로경찰서 유치장에 수감되고 면회가 허락된 이후로 부인은 꼭 한 주에 한번씩 면회를 하러 왔다. 이인재는 부인과 만나면서 바깥세상의 이야기를 들을수 있었다.

여름이 지나가고 가을이 왔다. 또 그렇게 짧은 가을이 지나가 버리고 11월이 되면서 평양의 겨울은 시작되었다. 면회하러 오면서 가지고 오는 음식은 식지 않도록 솜옷에 싸여져 전하여졌다.

이인재는 부인의 면회를 손꼽아 기다렸다. 그날도 부인이 면회올 날이었다. 그런데 하루 종일을 기다려도 부인이 나타나지 않은 것이었다. 초조한 시간을 보내고 그날 밤 11시경, 포승에 묶인 채 고문실로 끌려가는 그의 눈에 울고 있는 3남매의 모습이 들어왔다. 정희, 정빈, 수옥이었다. 형사는 아이들에게 말하였다.

"이 개새끼가 너희 애비냐?"

형사들은 이인재의 빰을 치면서 아이들 옆을 지나쳐 그를 끌고 가버렸다. 무슨 일이 있었는지 알 길이 없는 이인재이지만 분명 큰 일이 생겼다는 것을 짐작할 수 있었다.

그리고 며칠 후 부인이 면회를 왔다.

"어찌된 일이오? 왜 오늘에야 면회를 오는 거요?"

"이런 일이 있었습니다."

부인의 말은 이러하였다.

지난 주일 오전 예배를 어느 권찰 집에서 드리게 되었다. 당시 신사참배를 반대한다는 이유로 공식예배와 모임을 일제 당국이 허락하지 않았으므로 주일이나 수요일 저녁도 집에서 비밀리에 예배를 드릴 수밖에 없었다. 이날도 이인재의 부인 신을라는 그 권찰집에서 산정현 교인들 몇과 함께 주일 오전예배를 드리고 있었다. 그때 형사들이 들이닥친 것이었다.

형사들은 예배에 참석한 교인들을 모두 이 종로경찰서로 데리고 왔다. 그리고 그날 밤 그들을 집으로 돌려 보내지 않고 추운 취조실에서 지내게 한 것이었다.

한편, 오전예배를 드리고 빨리 집에 와서 같이 점심을 먹겠다며 권찰님 댁에 예배를 드리러 갔던 모친은 돌아오지 않고 그 와중에 모친을 비롯하여 몇 사람들이 형사들에게 연행되어 갔다는 소식을 듣게 된 딸 이정희(당시 열한살)와 아들 이정빈(당시 여덟살)은 동생 이수옥을 업고서 그 어머니를 찾아나섰다. 평소 동생 이수옥이 어머니의 등에 업혀서 부친의 면회를 다녔기 때문에 네 살박이 어린 애였지만 경찰서로 가는 길을 알고 있었다.

이수옥의 길 안내를 따라 종로 경찰서에 도착한 세 남매는 일요일이어서 텅비어 있던 경찰서 안에서 엉엉 거기서 울부짖기 시작했다.

"우리 어머니 내어 보내 주세요."

1시간 가량 그들을 그냥 내버려 두다가 형사 1명이 울고 있는 3남매에게 다가와서 물었다.

"너희들도 신사참배를 하지 않느냐?"

큰 딸 이정희가 말했다.

"우리도 신사참배를 안한다"

그러자 형사가 이정희의 얼굴을 수도 없이 때렸다.

함께 종로경찰서로 갔던 남매들은 더 크게 울었다.

몇 시간이 지난 후에 형사 2명이 나타나 일본말로 자기네들끼리 말하였다.

"이들 3남매는 평양에 연고자가 없으니 고아원으로 보내자".

이들이 말하는 것을 큰 딸 이정희가 알아듣고서 동생들에게 말했다.

"더 크게 울어"

그러자 동생들은 더 크게 악을 써가며 울었다.

이렇게 종일을 울고 지칠대로 지친 삼남매는 밤 11시경 형사에게 묶인채 끌려나오는 아버지를 만나게 된 것이다. 이날은 그야말로 이인재 가족의 수난의 절정이었다.

새벽에 이인재의 자녀들(삼남매)은 집으로 돌아 왔고 너무 고단하여 방에 들어오기 무섭게 깊은 잠에 빠져들었다. 아침이 되어 눈을 떴는데 어머니가 옆에 있는 것이 아닌가. 당시 일본법에는 24시간내 석방을 못하게 되어 있었는데 아이들이 경찰서로 찾아가서 밤새워 운 것이 효과를 본 것이다.

부인은 이인재에게 이와 같은 일들 때문에 지정된 날 면회하러 오지 못하였다는 점을 이야기 하였다. 어려운 살림을 꾸려나가는 것만으로도 심히 힘겨운 그의 부인이었다.

3. 큰딸 이정희의 편지

이인재가 유치장에 갇혀있는 동안 아이들은 면회가 허락되지 않아 직접 대면하기는 어려웠다. 그러나 큰딸 정희는 종종 어머니편에 편지를 보냈다.

겨우 열한 살이었다. 소학교를 정규적으로 다녔다면 4학년이었다. 그러나 신사참배 때문에 정규적인 학교를 다니지 못했다. 그런 딸이었지만 아버지를 원망하기는 커녕 오히려 아버지를 격려하고 힘을 돋게 하는 내용의 글을 편지로 보냈다.

"...아버지 집안 일은 걱정하지 마시고 신앙으로 이기세요. 우리는 매일 아침, 저녁, 아버지를 위해 기도하고 있습니다."

용기를 주는 편지였고 그 끝에는 언제나 요한계시록 2장 10절의 말씀이 기록되어 있었다.

"네가 죽도록 충성하라. 그리하면 내가 생명의 면류관을 네게 주리라."

이인재 전도사는 딸 정희의 편지를 받았을 때마다 눈물을 흘렸다. 감격하였다. 그리고 하나님께 감사하였다.

4. 밀양으로의 귀향

그후 이인재의 가족 중 아이들(3남매)은 평양 생활을 접고 다시 밀양 마산리로 내려 왔고 부인 신을라는 옥중 수발을 위해 평양에 남았다. 하지만 부인도 셋째딸 수자(秀子)를 해산하게 되어 더 이상 평양에서 견디기가 힘들게 되었다. 또 이인재가 종로경찰서 유치장에서 평양 형무소로 이감되었기 때문에 부인 역시 다시 밀양 마산리로 돌아오게 되었다. 그리고 얼마 후에 셋째 딸 수자를 병으로 잃게 되었다.

이인재의 부인 신을라는 믿음과 덕을 갖춘 여인이어서 사람들에게서 많은 칭송을 받았다.

제 12 장

종로경찰서 고등계 유부장

1. 유부장

이인재의 체포 당시 고등계 형사는 엄청난게 두려운 존재였다. 그들의 눈에 조선사람은 사람이 아니었다. 그러기에 조금만 혐의가 있어도 무차별적인 구타와 고문이 가해졌다. 그래서 고등계 형사가 나타났다하면 사람들은 고양이 앞에 쥐모양으로 부들부들 떨었다. 죄를 짓지 않아도 겁을 낼 정도였다.

고등계 형사가 그 정도인데 형사부장이야 그 세도가 얼마나 대단하겠는가? 그에게는 겁나는 사람이 없었다. 유부장이 나타나면 유치장 감방 안의 모든 죄수들이 긴장을 하였다. 그러한 유부장이 수시로 이인재를 불러내어 고문도 가하고 질문도 했다.

오후 3시쯤 종로경찰서로 연행되어 갔던 이인재를 유부장이 불러냈다. 그리고 3층 고등계 형사실로 데려갔다. 이인재가 형사실로 들어서자 유부장은 뺨을 갈기고 발길로 걷어차며 취조를 하였다.

옥문

취조가 끝나자 유부장은 이인재를 지하 유치장 3호 감방에 구금(拘禁)시켰다.

2. 공포의 2시간

밤 8시가 되었다.

간수가 나타나 소리를 질렀다.

"취침!"

잠을 자라는 것이었다. 잠이 오지않아도 자리에 누워야 하고 또 자는 척이라도 해야 했다.

이인재는 자리에 누웠다. 잠을 청하고 있을 때 귀에 익은 목소리가 들렸다.

"구니모도! 구니모도 나오라!"

감방 문이 열렸다.

고등계 유부장이었다.

이인재는 자리에서 일어나 유부장을 따라 나갔다. 희미한 불빛아래에서 유부장의 얼굴이 굳어 있었다.

유부장의 뒤를 따라가는 이인재는 불안감을 감출 수가 없었다. 그때 주님의 속삭임이 이인재의 귀에 들려왔다.

"오늘밤에 너를 고문하려고 한다."

이인재는 당황하여 주님께 말하였다.

"주님 막아 주소서! 나는 약하여 감당하지 못합니다. 주님, 꼭 막아 주소서!"

이인재의 다리가 후들후들 떨렸다. 두려움이 앞서는 것이었다. 간신히 계단을 올라갔다.

유부장이 3층 취조실로 들어갔다. 이인재도 따라 들어갔다. 벽에 걸린 시계가 9시를 가리키고 있었다.

유부장이 의자에 앉으면서 혼자 중얼거렸다.

"약속 시간이 되었는데 아직 오지 않다니..."

불평을 하는 것이었다.

약속 시간에 오기로 한 사람은 다름아닌 평양 종로경찰서에서 제일 매질을 잘하는 형사였다. 바로 그를 기다리고 있는 것이었다. 큰 매를 쳐야할 경우엔 이 사람이 항상 적임자였다.

유부장은 매 전문가를 초조하게 기다리고 있었다. 밤 10시가 지나가는데도 그의 모습은 나타나지 않았다.

이인재는 마음 속으로 웃었다. 주님께서 자신의 기도를 들어주셨다는 확신이 생기면서 마음이 여유로와진 것이다.

"부장님! 부장님도 예수님을 믿으세요."

"뭐라..."

유부장은 노한 얼굴로 이인재를 바라보았다.

매를 맞기 위해 온 사람이 형사부장에게 전도를 하다니 유부장은 어이가 없는 모양이었다.

"부장님도 예수님을 믿으시라구요. 예수님을 믿으면 살맛이 납니다."

"닥쳐! 나는 예수같은 것 안 믿어!"

유부장이 버럭 소리를 질렀다.

그러나 이인재 전도사는 계속 전도를 하였다.

유부장에게는 초조하고 무료한 시간이었다. 매 때리는 형사가 오기만을 기다리고 있는데 그가 오지 않으니 몹시 화가 나기도 했다.

그런 것에 아랑곳하지 않고 책상 하나를 사이에 두고 마주 앉은 유부장에게 이인재는 계속해서 예수님을 소개하였다. 이인재는 유부장이 밉지가 않았다. 그저 측은한 생각만 들었다.

밤 11시가 되었다. 그때까지도 기다리는 형사는 오지 않았다. 그래도 말없이 기다리는 유부장의 모습을 보고 이인재는 그에 대한 일말의 존경심이 생겼다.

'자기의 직무에 충성하고 있는 사람, 일본의 국록(國祿)을 먹고 사는 형사부장으로서 일본을 위하여 충성하니 장한 일이로다. 나는 주 예수 그리스도의 종으로서 주님께 충성하려고 하니 충성은 마찬가지다. 그러나 그대는 썩은 일에 충성하니 허무한 충성이요, 나는 생명 있는 충성이니 소망이 있도다. 충성은 충성이로되 충성의 질이 다르니 그것이 문제로다.'

이인재는 유부장을 바라보며 마음 속으로 그렇게 중얼거렸다.

밤 11시 10분이 되자 유부장은 기다리다 지친 듯, 자리에서 일어났다.

"갑시다!"

유부장은 이인재를 데리고 아래층으로 다시 내려갔다. 감방 문을 열고 넣어 주면서 말하였다.

"오늘 재수 좋았어!"

이인재는 하나님께 감사하였다. 하나님께서 분명히 막아 주신 것이었다. 주님은 감당치 못할 시험(試驗)을 허락지 않으셨다.

이날 이후로 유 형사부장은 이인재를 보며 "이 사람은 분명 하나님의 사람이다" 며 감탄했다. 그리고 이 때로부터 유 부장은 이인재를 대하는 태도가 달라지고 있었다. 종종 일본 형사들이 이인재는 가죽 회초리로 괴롭혔는데 유 부장의 눈에 띄면 그는 이인재에 대한 형사들의 매질을 말렸을 정도였다.

3. 두려워 하는 유부장

수시로 이인재를 불러내어 취조를 하던 유부장이 어느날 보이지 않다가 한달쯤 지난 어느날 나타났다. 얼굴이 조금은 핼쑥한듯 하였다.

"이 선생, 안녕하셨슈?"

유부장이 이인재 전도사에게 인사를 하는 것이었다.

"예, 유부장님, 참 오래간만이네요. 그동안 어디 가셨습니까? 보이지 않으시던데요"

"내가 보이지 않으니 좋았겠지요?"

"….."

그야 말할 필요가 없었다. 그러나 그렇다고 말할 수는 없었다.

그런데 유부장이 아주 엉뚱한 말을 하는 것이었다.

"나 예수쟁이 건드렸다가 벌 받아 죽을 뻔 했수다."

어찌된 일인지 모르지만 병으로 대단히 고생한 모양이었다.

유부장 자신이 직접 매질을 하지는 않았다. 하지만 그는 매질 잘하는 형사들을 시켜서 종종 매질을 지시했다. 특히 옥에 갇혀 있는 기독신자들을 자주 불어내어 매질을 가하였다.

얼마 전에도 주기철 목사가 발바닥에 매를 맞고 발등이 퉁퉁 부어올라 걷지 못한 일이 있었다. 결국 방계성 장로에게 업혀서 감방으로 돌아갔다.

유부장은 자신이 혹독한 질병으로 고생한 것이 기독신자를 때렸기 때문으로 생각하고 있는 것 같았다.

"그래, 유부장님 어디가 아프셨습니까?"

이인재는 유부장에게 물었다.

"말도 마슈! 혼이 났어요. 죽는 줄 알았다니까."

그날 이후 유부장은 기독신자들을 고문하는 일엔 흥미를 잃은 것 같았다.

전처럼 불러내지도 않았고 때리지도 않았다.

제 13 장

평양 형무소 시절

1. 평양 형무소로 이감되던 날

평양이 한국 교회 신사참배 반대운동의 구심점이 되었듯 평양형무소는 신사참배 거부로 인한 한국 교회 수난의 대표적 현장이 되었다.

1941년 8월 25일, 처서(處暑)가 지났는데도 아직 여름 더위가 기승을 부리고 있었다. 간간이 불어오는 바람에도 더위 기운이 가득했다. 평양 종로경찰서에 있던 기독교인들이 평양형무소로 이감(移監)된다는 소식이 아침부터 들려왔다. 감방에 있던 신사참배 반대운동가들의 마음이 설레었다.

더운 날씨지만 잠시라도 거리를 걸을 수 있고 지하의 답답한 곳을 벗어나 넓은 세상을 바라 볼 수 있다는 기대감에서였다. 뜨거운 태양이 작열하는 뙤약볕 아래였지만 햇볕을 한몸 가득 받고 싶다는 생각이 간절했다. 그리고 잠시만이라도 보고픈 하나님의 종들의 얼

형무소 안 복도

굴을 마주 할 수 있겠기에 이감(移監)되는 시간만 기다려졌다.

한 나절이 지나서야 종로경찰서 마당에 그동안 평양 종로경찰서 유치장에 감금되었던 귀한 하나님의 사람들이 모두 모이게 되었다. 주기철 목사, 주남선 목사, 최봉석 목사, 한상동 목사, 방계성 장로, 이광록 집사, 조수옥 전도사 등 참으로 반가운 얼굴이 아닐 수 없었다. 그러나 함부로 이야기 할 수는 없었다.

포승줄에 묶인 채 일본 순사의 지시를 기다리고 있었다. 모두들 걸어가기를 원했다. 다리 운동도 해야 했고 마음껏 햇빛도 받고 싶었기 때문이었다.

하지만 일본 순사가 말하였다.

"평양형무소까지 택시로 가야하니까 택시비는 당신들이 내시오."

이게 무슨 말인가?

주기철 목사가 항의하였다.

"우리는 오랫동안 지하 유치장에 갇혀 있었기 때문에 햇빛이 그립습니다. 오늘은 걸어서 가게 해 주시오."

그러나 일본 순사는 엉뚱한 말을 하였다. 마치 그들을 위하는 것 같은 말을 하는 것이었다.

"모두 목사들인데 어찌 포승줄에 묶인 채 길을 걷는단 말이오. 창피하지 않겠소? 부끄러울터이니 택시를 타고 가도록 합시다."

그때 주기철 목사가 말하였다.

"우리는 조금도 부끄럽지 않습니다. 우리가 무슨 죄인입니까? 조금도 부끄러울 것이 없습니다."

그러나 일본 순사들은 막무가내로 택시를 네 대나 불렀다. 그리고 타라는 것이었다. 하는 수 없이 그들이 시키는대로 네 대의 택시에 각각 나눠 탔다. 택시는 평양 시내로 들어갔고, 평양 형무소가 있는 서쪽을 향하여 거침없이 달렸다. 그리고 평양 형무소 철문을 거쳐 안으로 들어갔다. 택시에서 내리니 순사들이 말했다.

"택시비를 내시오."

아니 여지껏 경찰서 유치장 안에 갇혀 지내던 사람이 무슨 돈이 있다고 택시비를 내라는 것인가? 정말 지독한 사람들이었다.

이인재 전도사는 부인이 면회를 와서 필요할 때 쓰라고 준 돈이 호주머니 속에 들어 있는 것을 생각해냈다.

택시 한 대에 1원씩이었다. 이인재 전도사는 4원을 내어 택시비를 계산하였다. 돈을 건네 주면서 이인재 전도사는 무척 기뻤다.

하나님의 종들을 위하여 요긴하게 돈을 사용할 수 있다는 것이 그를 무척 즐겁게 하였다. 그 즐거움은 마음 속 깊은 곳에서부터 솟아나오는 것이었다.

평양 형무소 철문이 육중하게 버티고 있었다. 문이 열려져 있었다. 이들을 환영한다는 의미같아 보였다.

이인재 전도사가 앞서 들어 갈려고 하는데 뒤에서 누군가가 소리를 쳤다.

"내가 먼저 들어 가겠소!"

여성의 소리였다. 이인재 전도사가 뒤를 돌아 보았다.

"아니 안이숙 선생님!"

"이 전도사님 많이 고생하셨어요."

"정말 반갑습니다. 여기서 만나다니..."

"이제 들어가면 영영 나올 수 없는 감옥소가 되지 않을런지..."

"... ..."

일행은 형무소의 넓은 뜰을 걸어서 사무실 쪽으로 갔다. 형무소 사무실 옆에 옷을 갈아입는 방이 있었다. 그 곳으로 안내되었다.

수인복(囚人服)은 푸른 색이었다. 모두는 사복(私服)을 벗고 푸른 색 수인복으로 갈아 입었다. 수인복에는 각각 번호표가 붙었다. 죄수복은 때가 묻고 더러웠다. 세탁을 하지 않은 지 오래된 것 같았다. 다른 사람이 입고 있다 벗어 놓고 나간 옷을 세탁도 하지 않고 그냥 나누어 주는 듯했다.

이때 권능(權能)이란 별명이 붙은 최봉석 목사가 소리쳤다.

"예수님은 홍포(紅布)를 입으셨는데 우리는 청포(靑布)를 입는구나."

최봉석 목사의 말이 떨어지자 옆에 있던 주남선 목사가 한 마디를 던졌다.

"지금은 청포를 입지만 우리도 얼마 안가서 예수님처럼 홍포를 입게 되겠지요."

그 말에 모두가 고개를 끄덕였다.

형무소 안에서 미결수는 청포(青袍)를 입지만 기결수가 되면 홍포(紅袍)를 입는 법이다. 멀지 않아 재판을 받게 될 것이고 형이 구형(求刑)될 것인데 그 형은 결코 가벼운 것이 아닐 것이다.

신사참배 반대는 국법(國法)을 어긴 것이 되고 따라서 대역죄(大逆罪)가 된다. 그들이 이 죄를 가볍게 볼 리가 만무하다. 치안 유지법 위반이요, 보안법 위반이니 불경죄에 해당되어 실형만 선고되면 무기형은 물론이요 사형까지도 갈 수 있는 것이다. 그러니 형이 확정되기만 하면 홍포를 입을 수 밖에.

그러나 신사참배 반대로 이곳까지 온 신사참배 반대 운동가들은 두려워하는 빛이 조금도 없었다. 푸른 죄수복을 입으면서도 그들의 얼굴엔 기쁨이 넘치고 있었다. 십자가와 부활의 신앙으로 무장한 그들이었기에 푸른 죄수복을 입으면서도 즐거워 하고 있는 것이었다. 세상 사람들로서는 도저히 이해할 수 없는 신비한 세계의 사람들이었다.

2. 입소 후 몇 달 동안

평양 형무소 내에는 40명에 가까운 목사, 장로, 전도사가 수감되어 있었다. 이들의 고난은 실로 극심하였다. 그중에서도 먹는 것이 제일 큰 문제였다. 하지만 이인재 전도사 일행이 평양 형무소에 입소한 후 몇 달 동안은 그야말로 지낼만한 형편이었다. 종로 경찰서 유치장에 있을 때보다는 훨씬 대접이 좋았다.

거의 매일 사식(私食)이 들어왔다. 이 사식은 옥문 밖 숨은 기독교

신도들의 성의(誠意)로 들어와지는 것이었다. 한상동 목사의 부인 김차숙(金次淑) 여사가 돈을 모아 공동으로 사식을 들여 보내는 것이었다. 그리고 수감되어 있는 신사참배 반대운동가 모두에게 공급되었다.

출옥성도 한상동 목사와 김차숙 여사.

사식은 형무소 내 식당을 통해 나왔다. 밥은 팥이 섞인 쌀밥이었다. 붉으스레한 밥에 채소 반찬, 소고기 부침, 돼지고기 부침 등 그 당시로는 가정에서도 먹기 어려운 음식들이 전하여졌다.

감옥 안이었지만 그 어느 부자 부럽지 않은 생활이었다.

한상동 목사의 부인 김차숙 여사는 자녀가 없고 오직 한 사람 남편 뿐이었기 때문에 남편이 감옥에 들어가자 옥문 밖에서 뒷바라지 하는 것이 그의 생활 전부였다.

그녀가 평양형무소 밖 담벽 밑에 앉아있으면 평양성 안의 숨은 기독신도들이 무엇인가를 전하여 주었다. 쌀이며 돈이며 옥중에서 필요한 여러 가지 것들이었다. 그녀는 그것으로 40명 가까운 옥중 성도들의 사식을 마련하여 차입을 시켰다.

또한 만주에서 트럭 운전을 하고 있는 이경석씨(1908년 8월 8일~1990년 4월 8일)를 통하여 돈이 전달되기도 하였다. 이경석 씨는 해방 후에 신학을 해서 목사가 되고 후에 부산 고신대학교, 복음병원 이사장을 지내기도 했던 분으로 그당시 옥문 밖의 신실한 봉사자였다. 그는 만주에서 트럭 운전을 하며 모은 돈의 일부를 만주에서 평양으로 전달하였던 것이다.

한상동 목사의 부인 김차숙 여사의 역할은 전국 교회 숨은 기독 신도들에게 널리 알려져 있었다. 무엇이든 있는대로 김차숙 여사에게 건네졌고 김차숙 여사는 그것으로 매일처럼 사식을 제공하였다.

그 때는 한참 더위가 기승을 부리는 시기였다. 감옥 안이 덥기 때문에 시원한 모시옷이 필요하였다. 이 모시옷도 김차숙 여사의 손을 통하여 들어왔다.

다른 죄수들은 생각도 못하는 모시옷을 입고 옥문 안의 신사참배 반대 운동가들은 너무도 기뻐하였다.

하지만 이런 기쁨도 잠시 잠깐이었다. 이후 감방 생활은 고달픈 생활의 연속이었다.

3. 반 거짓말을 회개하다

이인재 전도사가 수감된 방은 5호실이었다. 방이 너무 작고 좁았다. 이 감방에는 5명이 정원이었다.

5호 감방 복도 건너편에 주기철 목사 감방이 있었다. 독방은 아니었고 여러 죄수들과 함께 있었다.

주기철 목사는 그 감방에서 만나는 사기범, 강도, 폭력배, 살인자, 도박꾼, 사상가, 독립투사 등 여러 사람들에게 복음을 전하였다.

이인재 전도사에게는 맞은 편 감방에 있는 주목사의 얼굴을 보는 일이 이 힘든 수감생활 중에 유일한 낙이었다.

그러나 좀처럼 볼 수가 없었다.

아침이면 점호시간이 있었다.

간수 두 사람이 감방 안에 있는 죄수들을 불러 내어 복도에 서게 하고 점검을 하였다.

간수 한명이 밖에서 직접 죄수들의 몸을 수색하고 간수 한 명은 감방 안을 뒤지고 살피는 것이었다.

어느 아침, 점호 시간이었다.

이인재 전도사는 감방 안에서 맞은 편 감방 사람들의 점호 광경을 구경하기 위하여 밥그릇을 들이고 내어주는 구멍의 문을 열었다. 밖을 내다보려고 그렇게 한 것이었다.

순전히 주기철 목사의 얼굴만이라도 한번 보고 싶어서 그렇게 했다. 밥그릇을 들이고 내어주는 구멍 문을 열고 밖을 살펴 보려는데 불호령이 떨어졌다.

"누구야!"

이인재는 놀라 안에서 대답하였다.

"315번입니다."

315번, 이것은 이인재 전도사의 감옥 안에서의 수인번호였다.

"왜 문을 열었어?"

"네, 청소하다가 열었습니다!"

그러나 이것은 반 거짓말이었다.

주목사 얼굴에 광채가 난다는 이야기를 듣고 그 모습을 보기 위해서 문을 연 것이었다.

그런데 간수에게 청소를 하다가 문을 열었다고 했으니 이것은 거짓말이었다. 사실 감방 안 청소당번이었기에 청소를 한 것은 사실이었다.

그러나 문을 연 것은 순전히 주기철 목사 얼굴이 보고 싶어서였다.

이인재 전도사는 밥통 출구문을 닫고서 혼자 마음으로 기도하였다.

'하나님 아버지, 저를 용서하여 주소서. 솔직하지 못하고 반 거짓말을 했습니다.'

기도를 마친 이인재는 그래도 마음이 편치 않았다. 하나님의 계명을 어기지 않기 위하여 감옥까지 왔는데 어찌 거짓말을 할 수 있단 말인가?

그는 자신의 연약을 심히 통탄하였다.

잠시 후 제5호실 점호시간이 왔다. 점검을 받기 위해 섰을 때 이인재는 그 사실을 간수에게 고백하였다.

"좀 전에 저 밥그릇 통로 문을 열었을 때 '누가 열었느냐?' 했을 때 '제가 열었다' 고 했습니다."

그 때 간수는 이상한 눈으로 바라보면서 말했다.

"그래서 어쨌다는 것이냐?"

"그때 제가 '청소하기 위해서 열었다' 고 대답했지만, 사실은 그렇지 않습니다. 나는 맞은 편 감방에 있는 주기철 목사님 얼굴이 보고싶어서 문을 열었던 것입니다. 거짓말 한 것을 고백합니다."

간수는 인재를 바라보며 이상하다는 듯 고개를 갸웃거리며 말했다.

"그게 무엇이 그리 중요하다는 말이냐... 지나간 것을 갖고..."

그렇다. 간수에게는 그게 너무나 사소한 일이었고 별 것이 아니었다.

그러나 이인재 전도사에게는 심히 큰 일이었고 마음이 상한 일이었다. 원통한 일이었다.

왜 솔직하지 못하고 반 거짓말을 했는지 자신이 얄미웠다. 그래서 하나님 앞에 회개하였고 간수에게 자백한 것이었다.

그는 신사참배 반대로 하나님의 계명을 지키려고 감옥까지 왔다. 그런데 여기서 제9계명인 '네 이웃에 대하여 거짓 증거하지 말찌니라' 고 한 계명을 어긴 것이 아닌가?

자신이 한없이 한심스럽다는 생각이 들어 견딜 수 없었다.

야고보서 2장 10절~11절 말씀이 생각나서 그는 울었다.

"누구든지 온 율법을 지키다가 그 하나에 거치면 모두 범한 자가 되나니 간음하지 말라 하신 이가 또한 살인하지 말라 하셨은즉 네가 비록 간음하지 아니하여도 살인하면 율법을 범한 자가 되느니라."

이인재 전도사는 자기 속에 아직도 남아있는 죄성이 옥중에 있는 그에게까지 따라와 그를 괴롭히고 있다는 것을 알았다. 성령님을 근심되게 하는 것이었다.

그는 다시 깨달았다. 성령님께서 강하게 역사하시고 힘을 주시지 않으면 별 수 없이 넘어지고 마는 것이 인간임을 실감하였다.

그는 누구보다 약한 자신의 마음을 주님께 부탁하였다.

4. 고달픈 감방생활

1941년 8월 25일, 평양 형무소의 생활은 고달팠다.

특히 식사가 말이 아니었다. 처음 몇 달은 사식이 들어 왔지만 그것도 중단되었다.

당국에서 금하였다.

"전쟁터에서 젊은이들이 죽어가고 있는데 호사(豪奢)스럽게 사식이라니?"

그 후 한말의 쌀을 가지고 1백명의 식사를 공급하는데 간수와 직원들의 식사를 빼고나면 남는게 별로 없었다. 1백명의 죄수는 굶주림에 버티다가 결국 죽어나가기 시작했다. 그나마 조금 제공되는 밥도 콩밥이었다.

이 콩밥은 푸슬 푸슬 떨어지는데 콩이 좀 썩여 있었고 묵어 썩어진 좁쌀이 많고, 수수도 꺼풀이 있는 채 섞였고, 밀도 굳은 상태로 들어 있었다. 그것을 숟가락으로 입에 넣고 씹으면 고약한 냄새가 났다.

어느날은 썩은 콩찌꺼기 밥이 들어와 감옥 안에 소동이 벌어졌다.

콩 찌꺼기 밥에서 황 냄새가 지독하게 난 것이었다. 이것 때문에 모두가 배탈이 났고 여러 사람이 회복되지 못하고 죽기도 하였다.

그리고 밤만 되면 빈대와의 전쟁을 치루어야만 했다. 이것은 무엇보다도 견디기 힘든 싸움이었다. 정말 처참했다.

그래도 그런 굶주림에 시달리는 동안에도 이인재는 감사했다.

"감사하는 마음을 가지고 있을 때는 밥그릇도 크고, 국 속에도 고기같은 것이 들어 있었는가 하면 감사한 마음이 없을 때는 밥그릇도 아주 작은 것이 나왔고, 국그릇도 작았지요. 아주 신기한 일이 한두 번이 아니었어요."

장장 5여년의 세월을 감옥에서 보낸 이인재는 이와 같은 일을 겪으며

"이것이 바로 주님께서 매순간 나와 함께 하신다는 증거였지요"라며 지난 일을 회상했다.

그리고 후일 이때의 일을 간증하며 이인재는 이렇게 간증한다.

"주님이 내 심령 안에 계시는데 온 우주를 차지하는 이가 있다 한들 나만큼 만족하랴"

제 14 장

반역의 역사, 저항의 역사

1. 반역의 역사

이인재 전도사가 신사참배 반대로 투옥되어 있을 때 감옥 밖의 상황은 점차 '종말(終末)'을 향해 치닫고 있었다. 1938년 신사참배 강요를 기점으로 더욱 강화된 일제의 황민화 정책이 창씨 개명, 국민정신 총동원을 거쳐 국민 징용령(1939년), 학도 동원령(1943년), 징병령(1944년), 정신대 근무령(1944년)에 다다르게 되면서 식민지 수탈과 민족 말살은 그 최고조에 달했다. 이런 상황에서 종교 역시 일제의 강력한 탄압과 통제를 받게 되었다. 1939년 일본 제국 의회에서 통과된 종교 단체법을 계기로 모든 종교는 '종교보국'(宗教報國)이라는 정책에 철저히 순응해야 하며 이에 반대하는 어떠한 행위 또한 용납되지 않았다. 모든 종교를 종파와 교파별로 단일 조직하에 구성하기 시작했으며 궁극적으로는 일본의 종교 조직과 통합

출옥성도들: 좌에서 두 번째로 부터 이인재 목사 손명복 목사
조수옥 권사 임두연 사모

을 추구하였다. 정치적 통제가 편리하도록 교파를 통합하여 단일 교회를 만들려는 의도였다. 기독교의 '일본화' 와 '교파 합동' 이 일제의 기독교 정책의 핵심이었다.

이런 상황에서 한국 교회의 지도자 대부분은 '순응의 논리' 로 일제의 황민화(皇民化) 종교 정책을 그대로 받아 들였다. 시기의 차이는 있지만 1938년에 이르러 장로교와 감리교를 비롯한 기독교 각 교파 교회들은 신사참배를 공식으로 수용하는 결의를 하였다. 특히 장로교의 경우 1938년 9월 총회의 신사참배 결의를 계기로 지도부의 노골적인 친일 행각이 전개되었다. 1939년 9월 신의주 제2교회에서 회집한 장로교 제28회 총회에서는 '국민정신 총동원 조선예수교장로회 연맹' 을 결성하고 보다 적극적으로 "국책 수행에 협력할 것" 을 결의하였다(조선예수교장로회 총회 제28회 회록, 1939년, 87~94쪽). 이것을 계기로 총회 안에 중앙상치위원회를 설치하고 장로교회의 헌법과 교리, 예식 등을 전면 재검토하여 "맹목적이었던 구미(歐美) 의존주의를 결연히 차버리고 기독교를 우리나라 국체에 맞는 일본적인 종교로 하여 그 내용을 근본적으로 혁신"(매일신보, 1940년 4월 11일자 기사)하는 작업에 착수했다. 이와 같은 일들은 결국 한국 교회에 대한 선교사들의 영향력을 배제하면서 동시에 신사참배를 비롯하여 동방요배, 황국 신민 서사 제창 등 일본의 '국민의례'를 교회 의식에 적극 수용하는 것으로 나타났다. 이 같은 교회의 '일본화'(日本化)는 민족 교회의 정체성을 포기하는 것으로 종교 영역에서 이루어진 '반민족적' 행위였다.

교파 합동은 1938년 6월 일본 기독교회(장로교) 의장인 도미타(富田滿)의 방한 때 논의되기 시작했고 1940년 일본 메소디스트교회(감리교) 감독 및 일본 기독교연맹 의장인 아베(阿部義宗)의 방한을 계기로 구체적인 움직임을 보이기 시작했다. 총독부의 전폭적인 지지를 받으며 이루어진 이들 일본 교계 지도자들의 방한은 한국 교회에 '교파통합' 압력으로 작용하였다. 그 결과 1943년 1월 장로교와 감리교, 성결교, 구세군, 일본기독교회 대표들로 '조선기독교합동준비위원회'가 조직되어 교파를 초월한 단일 '혁신' 교단 조직을 향한 준비 작업이 시작되었다(매일신보, 1943년 1월 26일자 기사). 그러나 추진 과정에서 구체적인 '혁신안'에 대한 감리교회와 장로교회, 그리고 두 교회 안의 추진 세력 간의 의견 차이가 노출되어 처음 구상했던 대로 단일 교단을 만들지는 못하였다. 그래서 장로교회는 1943년 5월 '일본기독교 조선장로교단'으로, 감리교는 1943년 8월 '일본기독교 조선감리교단'으로 각각 체제를 바꾸었다.

"...조선에 있는 기독교 신도는 단결 협력하여 동포의 정신작흥(精神作興)에 자(資)하고 일층(一層) 전도(傳道)에 정진(精進)하여 황국신민(皇國臣民)으로서의 보국(報國)의 성(誠)을 다 하기를 기(期)함."(조선기독교연합회 조직 선언서 중, 1938년 7월 7일)

이로써 장로교와 감리교 양교파는 '조선'이라는 이름 대신 '일본' 이름을 앞세워 교단을 개편함으로 한국교회가 공식적으로 일본교회에 예속(隷屬)되었음을 밝힌 것이다. 같은 시기 성결교나 동아기독교(침례교), 안식교 등은 재림신앙(再臨信仰)을 이유로 강제 해산되는 비운(悲運)을 겪었다.

일이 이렇게 되자 남아 있는 교회는 장로교, 감리교 할 것 없이 '일본적' 종교로 변질되어 있었다. 그리고 2차 세계대전 발발(勃發)로 일본이 독일과 연맹을 맺게 되자 독일 나치 정권의 '반(反) 유대주의' 정책이 그대로 일본으로 받아 들여지게 되었다. 성경에서 유대 역사를 담고 있는 구약성경 전체를 폐지했고, 신약에서도 유대적 생체가 짙은 성경(예를 들어 마태복음과 히브리서, 야고보서)은 읽지 못하도록 했다. 그리고 찬송가에서도 아시아, 태평양 전쟁을 수행중인 전시체제와 찬황 유일체제를 부정하는 찬송, 즉 평화나 재림, '만왕의 왕', '그리스도의 군대' 등을 담은 찬송은 부르지 못하도록 했다.

그리고 '연성'(鍊成)이란 이름으로 목회자들은 신궁 건설현장에 동원되기도 하였고, 말 잘하고 똑똑하다는 목사들은 시국 강연회에 초청 강사가 되어 시국 강연을 하러 다녀야 했다. 시국 강연을 통해서 그들은 같은 말을 되풀이 하여야 했다.

일본기독교조선장로교단 임원진들 모습(1944년)

"영국과 미국이 우리 동양을 착취한 악업(惡業)을 남겼기 때문에 우리는 그들을 동양에서 몰아내어야 합니다. 그리고 일본을 주축으로 해서 대동아 공영권을 건설하는 일에 온 국민이 총력을 다하여야 합니다."

목사들은 일제가 시키는대로 나가서 배우처럼 활동해야 했다.

그러니 이제 신사참배는 더 이상 낯선 것이 아니었다. 교회 예배당 안에는 일장기(日章旗)가 게양되었고 가미다나라는 모형 신사가 설치되어 예배를 시작하기 전에 먼저 동방요배를 하게 했다. 이는 동쪽에 일본 천황이 있기 때문에 천황을 향하여 경배를 하는 의식이었다. 그리고 이어서 황국신민 선서를 하게 했다.

"우리는 황국 신민이다. 충성으로써 군국에 봉사하자"

일본 말로 이러한 맹세를 하게 한 것이다.

구약성경 에스겔 8장 16절,

"그가 또 나를 데리고 여호와의 전 안뜰에 들어가시기로 보니 여호와의 전 문 앞 현관과 제단 사이에서 약 이십 오 인이 여호와의 전을 등지고 낯을 동으로 향하여 동양 태양에 경배하더라"

하는 말씀을 기억나게 하는 장면이다.

하나님의 성전에서 하나님께 예배드리기 전에 먼저 이런 일을 하게 되었으니 이 얼마나 무서운 죄를 범 한 것인가?

이렇듯 한국교회는 완전히 마귀의 소굴이 되어 버렸다. 두려운 일이 펼쳐진 것이다.

어디 이뿐인가?

당시 장로교는 부일 협력으로 총회 연맹과 상치위원을 중심으로 전시 물자 동원과 인력 동원에 대하여 협력하였다. 급기야 1941년 8월 14일, 상치위원회는 전시체제 성명 및 소위 '애국기(愛國機, 전투기) 헌납' 을 결의하고 그 이듬해인 1942년 2월 10일 일본 육해군에 비행기 한 대와 기관총 7정분 대금인 15만 317원 50전을 헌납하였다.(기독교신문, 1942,4,29 기사). 한편 감리교단에서도 1944년 교회를 통폐합한 돈으로 애국기를 헌납하자는 공문을 교회에 내려 보냈다.

물론 이러한 조치는 총독부의 지시에 따르긴 하였으나 교단 연맹이 이에 충실히 협력하였기 때문에 그 피해는 막대하였다.

일제말기, 순응과 타협의 노선을 선택한 교회 지도자들은 '반민족적' 이고 '비신앙적' 인 오류를 범하며 다수의 교인들을 이끌고 있었다. 이와 같은 행위는 신앙과 민족에 대한 반역의 역사였다. 한국 교회사에 실로 부끄러운 역사가 아닐 수 없다.

2. 저항의 역사

일제는 비행기에 헌납자의 이름을 새겨 넣어 헌납을 종용했다

그러나 일제말기, 한국 교회사에는 이 같은 반역의 역사만 있었던 것은 아니었다. 이와는 다른 방향에서, 순응보다는 저항을 선택하면서 신앙과 민족 양심을 지키기 위해 고난을 택하였던 올곧은 신앙인들의 저항의 역사도 있었다. 비록 숫자로 보면 소수에 불과하지만 이들의 저항의 역사가 있었기에 부끄러운 역사를 속죄할 수 있는 근거를 얻게 된다.

1940년 당시 한국 개신교회 34만 교인(당시 조선총독부에서 조사한 1941년도 말 기독교인 통계 자료) 가운데 신사참배로 조사를 받은 교인이 5천 명(1.5%), 그 중에 순교를 각오하고 옥중 투쟁을 하고 있는 교인들이 2백 명(0.06%)에 이르렀다.(C. A. Clark, Home Letter, Oct.1, 1941.) 당시 한국 기독교 선교의 역사는 짧았다. 교세도 미약한 가운데 외부의 지원도 없었다. 오직 신앙의 힘만으로 순교 투쟁을 결심했던 옥중 성도가 있다는 사실만으로도 한국 교회는 크나큰 자부심을 가질 수 있는 것이다.

그 가운데 이인재 전도사가 있었고, 한국 교회의 대표적 수난교회인 밀양마산교회가 있었다. 일제치하에서 가장 신사참배를 반대한 지역이 평안도와 경남인데, 이 두 지역의 고리 역할을 한 사람이 바로 이인재 전도사이다. 그는 평남과 경남을 오가며 신사참배 반대운동의 허리 역할을 감당했다. 이는 당시 목숨을 걸지 않고서는 감당할 수 없는 일이었다. 비록 그가 늦게 예수를 믿었고, 늦게 신학공부를 시작했다가 평양신학교가 폐교되는 까닭에 신학공부가 중단하긴 했지만 그의 믿음만은 뜨거웠다. '사랑의 원자탄' 의 저자이기도 한 안용준씨는 이인재 전도사를 일컬어 '신앙의 투사' 라고 불렀다. 이인재 전도사가 비록 평양형무소에서 영어(囹圄)의 몸으로 옥고를 치루고 있을때는 옥 밖의 한국교회는 계속해서 이 저항의 역사를 이어가고 있었다.

당시 밀양마산교회는 초대장로로 박수민 장로가 시무하고 있었는데, 박 장로는 신앙의 정통과 생활의 순결을 지키기 위해 목숨바쳐 교회를 섬겼던 훌륭한 신앙의 인물이었다. 당시 신사참배 반대로 일제의 감시를 받고 있는 터라 밀양마산교회는 많은 핍박을 받을 수 밖에 없었다. 그래서 박수민 장로를 비롯해서 밀양마산교회 교우들은 일본 순사의 감시와 탄압을 받아야만 했다. 말할 수 없는 일본 순사의 감시와 탄압이 있었다. 그 뿐 아니라 같은 마을에 함께 사는 동족인 마을 주민들도 황국신민으로서 충성을 다하지 않는다 해서 밀양마산교회 신도들을 향해 침을 뱉어가며 갖은 핍박을 가하였다.

하지만 밀양마산교회는 그 어떠한 타협도 하지 않았다. 박수민 장로는 자신의 자녀들을 신사참배 문제 때문에 아예 상남보통학교에 보내지 않았다. 그리고 아들 중 박치덕[28]은 일본 해군에 강제 징집되어 입대하긴 했으나 그역시 신사불참배 문제로 일본 해군 형무소에 갇히는 옥고(獄苦)를 치루게 되었다. 그런데 그 일이 오히려 전화위복이 되어 2차대전이 끝나고 석방됨으로 전장(戰場)에서 죽은 다른 사람들과는 달리 생명을 부지할 수 있었다.

---

28) 박치덕은 후에 목사가 되었고, 1990년에는 고신교단 총회장을 역임했다.

제 15 장

평양지방법원의 예심 청구

1. 예심 심문(豫審 審問)

신사참배반대운동가들에 대한 사건을 넘겨 받은 평양지검에서는 피의자들에게 별다른 조사를 하지 않은 채 시간을 끌었다. 이는 경찰에서 이미 1년 넘게 조사한 관계로 사건 내용을 소상히 파악하고 있기 때문이기도 했지만 사건을 조속히 종결짓기보다는 되도록 지연시켜서 가능한 한 피의자들을 형무소 안에 오래 구금시켜 놓으려는 정치적 계산 때문이었다. 즉 정부당국의 종교 정책을 거부하는 '반체제' 저항 세력을 교회와 사회로부터 격리시켜 사회적 안정 체제를 유지하려는 정치적 의도가 반영된 것이라고 하겠다. 그리고 장기 투옥으로 인해 신사참배 반대운동가들의 저항의지가 약화되기를 기대한 측면도 있었다. 형무소에 갇힌 피의자들에 대한 검찰의 조사는 '회유'와 '협박'으로 일관되었다.

경찰에서 용의자 조사 기한 1년을 채우고나서 검찰에 피의자를

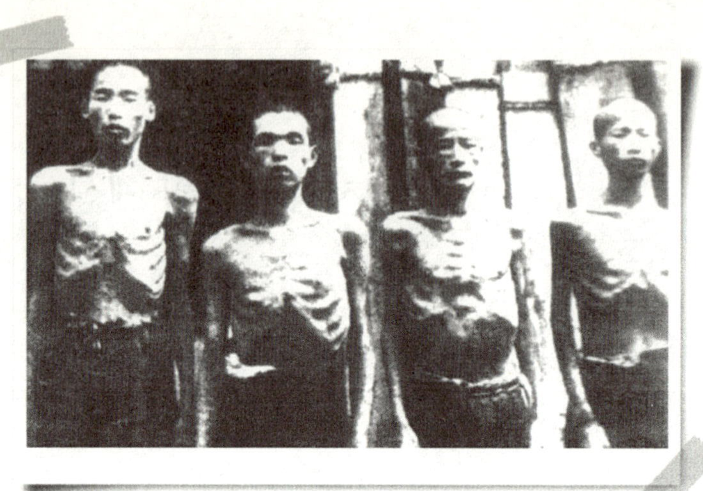

해방 후 출옥한 성도들의 상태는 꼭 이와 같았다.

넘긴 것처럼, 검찰에서도 1942년 5월 12일이 되어서야 68명의 피의자 중 35명을 예심재판에 회부하고 8명을 기소유예, 25명을 불기소 처분하는 조치를 취하였다. 기소(起訴)하기 전 인신(人身)을 구속할 수 있는 최고 법적 기한인 1년을 꼭 채운 것이다. 사건을 넘겨 받은 평양지방법원도 느리게 가기는 마찬가지였다. 재판부에서는 기소된 35명의 피의자를 공식 재판에 회부하기 전 예심법원에 넘겼다. 이 때부터 피의자들은 길고 긴 예심 재판을 받았다. 이들에 대한 예심 종결이 끝나고 정식으로 평양지방법원 공판에 회부하기로 결정된 것이 1945년 8월 15일이었으니, 피의자들을 무려 3년 동안이나 '미결수' 상태로 평양형무소에서 복역시켰던 것이다. 정식 재판에 넘기기 전 경찰이나 검사 조사 과정에서 작성된 혐의 사실과 이에 관한 증거들을 심사하여 억울한 피의자들을 구제하기 위한 예심 제도를 재판 지연의 수단으로 삼은 셈이다. 재판 없이 피의자를 장기 구금(拘禁)할 수 있는 법적인 장치를 최대한 이용하였던 것이다. 이는 '합법(合法)'을 가장한 '불법(不法)' 행위였다.

고려신학교 창립10주년 기념으로 발간된 한국교회 수진성도들의 수진 수난 이야기 『태양신과 싸운 이들』(1956년). 부록으로 실려있는 "21명 예심종결서"(평양지방법원)는 일제 검사가 받아쓴 '한국교회 사도행전'이다.

그리고 경찰이나 검사 조사 과정에서도 그랬지만 예심 과정에서도 사건의 진실을 밝히려는 것보다는 '회유'와 '협박'을 통한 신사참배 반대 의지를 꺾으려는 정치적 의도가 강하게 작용하였다. 그 같은 의도는 기소된 지 4개월이 지난 1942년 9월에 처음으로 예심 심문을 받은 한상동 목사의 경우에서 드러났다.

> "법정에 가서 예심 판사를 만났는데 대단히 친절히 대해 주며 왜 예수를 믿었느냐? 신앙의 동기 또는 신학한 동기 등을 물었다. 그리고 마지막으로 일본 나라의 '신'(神)에 대하여 어떻게 생각하느냐 하였다. 물론 내가 일본 왕에게 충의를 다하겠다는 성의가 있었을 줄 알았던 것이다. 그리하여 일본 국가를 위하여 힘써 달라는 말로 설유(說諭)하고 그 날 출옥시킬 예정이었다. 그리고 나도 출옥(出獄)하리라고 믿었다."[29)]

한상동 목사도 잠시 판사의 회유(懷柔)에 마음이 기울어졌다. 하지만 입에서는 정작 다른 대답이 나왔다.

---

29) 한상동, "주님의 사랑", 126쪽

"그러나 주께서 나의 마음을 주장하사 일본 왕에게 충의를 다하겠다는 말을 하지 못하도록 만들어, 온 천하가 깜깜하여 이에 대하여 한 마디도 하지 못하도록 나의 입을 막으시는 체험을 나만이 알 수 있었다. 검사는 다시 물었다. 나는 할 말이 없어 생각해 보지 못하였다고 대답하였다. 검사는 목사로서 일본 국체에 대하여 생각하여 보지 못하였다는 말을 너무도 뜻밖의 대답이라고 하면서 내가 능히 대답할 수 있을 정도로 대답할 말을 가르쳐 주었다. 그러나 나는 할 말이 없었다. 20분 가량 기다리다가는 검사는 화가 나서 오늘날 우리 일본 청년들이 누구를 위하여 전지(戰地)에 나가서 죽느냐? 하며 '바가(바보)! 바가! 바가! 하고 수 십 차례나 욕을 하였다."[30)]

다른 여러 피의자들도 이와 비슷한 '회유'와 '협박'의 예심 심문을 받았다. 1942년 9월의 예심은 이인재 전도사를 비롯한 경남지역 신사참배 반대 운동 지도자들에게 집중된 것으로 보인다. 주기철 목사를 비롯한 평양과 평북지역 지도자들에 대한 예심은 해를 넘겨 1943년 1월에 이루어졌다.

재판소에는 판사가 높은 자리에 앉았고 검사가 그 옆 자리에 있고 서기들이 밑에서 필기 준비를 하고 큰 테이블 좌우에 대기하고 있었다.[31)]

심문 내용은 한상동 목사의 경우처럼 경찰과 검찰의 조서를 바탕으로 신앙과 신사문제, 천황제도에 대한 입장을 재확인하는 것으로 진행되었다. 대화는 주로 검사와 피의자 간에 논쟁으로 진행되었는데 회유 가능한 자와 불가능한 자를 구분하려는 의도가 다분히 반영된 심문이었다.

---

30) 한상동, 위의 글

31) 안이숙, 『죽으면 죽으리라』, 기독교문사, 1976, 214쪽

2. 순교의 해, 1944

거센 반역의 역사 흐름 속에서도 타협하지 않는 신앙의 양심으로 저항의 역사를 만들어가고 있던 '종교적 양심범', 이들이 수감된 감옥 안의 상황은 시간이 흐를수록 점점 악화되었다. 전세(戰勢)가 일본에게 불리하게 기울기 시작한 1944년에 들어서는 형무소의 사정이 더욱더 그러했다.

건강했던 사람도 들어가면 병자가 되어 나온다는 평양형무소에서 2년 넘게 고문과 악형을 당하며 수감되어 있던 옥중 성도들도 급속도로 건강이 나빠졌다. 그 중에서도 평소 몸이 약했던 수감자들은 더욱 큰 고통을 겪었다.

오래 전부터 결핵을 앓고 있던 한상동 목사는 그런 고통을 이렇게 증언했다.

> "나의 폐병은 날로 위독하여 형무소에서도 아무래도 살지 못할 사람으로 알고 있었으며, 나도 죽을 줄 알고 몇 번이나 '오! 주여 어서 데리고 가시옵소서. 나의 한 날의 생활이 괴롭습니다' 하였다. 나의 마음은 뜨거웠다. 나는 주님을 위하여 옥중에서 세상을 떠나게 되는 것이 너무 감사하였다. 아! 나는 진실로 나의 생명보다도 주님을 더 사랑하게 되었다. 나는 밤마다 '오늘 밤에나 데리고 가실런지! 라고 기대하였다."[32]

고문과 악형으로 이어지는, 언제 끝날지 모르는 고난의 시간 속에서 "죽음은 차라리 축복"이라는 생각은 당연한 것인지도 모른다.

---

32) 한상동, 『주님의 사랑』, 127쪽

이들은 타협으로 생명을 유지하기보다는 죽는 한이 있어도 신앙 양심을 지키는 것으로 하나님과 자신에게 부끄럽지 않은 삶을 보여주기를 소원했다. 한상동 목사만이 아니라 형무소 안의 모든 옥중 성도들은 '죽음을 향한 열정' 을 갖고 있었다.

신사참배를 거부하였다는 이유로 검속되어 고문과 악형을 견디지 못하고 목숨을 잃은 순교자들에 대한 소식은 이미 오래 전부터 여러 곳에서 들려오고 있었다. 경남 진영의 조용학 영수가 신사참배를 반대하였다는 이유로 김해경찰서로 연행되어 고문을 받다가 뇌를 다쳐 가족들에게 인계되었다. 그후 10일이 지난 1940년 8월 14일, 부산 철도병원에서 별세함으로 "신사참배 문제로 인한 최초의 순교자"[33]가 되었다. 1941년에는 만주지역 신사참배 반대운동을 이끌던 박의흠 전도사도 체포되어 만주 봉천의 심양형무소에서 복역중 순교하였다는 소식이 전해졌다.[34]

1944년에 들어 순교자의 수가 급증하였다. 평양형무소에 수감 중이던 주기철 목사는 1944년 들어 건강이 눈에 뜨게 악화되었다. 이미 죽음이 눈 앞에 와 있었다. 결국 형무소 당국은 4월 13일 그를 병감으로 옮겼다. 4월 21일 밤중에 평양형무소 병감에서 주기철 목사는 '내 영혼의 하나님이시여 나를 붙드시옵소서' 라는 마지막 기도를 하고서 숨을 거두었다.[35]

나흘 후인 4월 25일에는 평양형무소에 수감 중이던 옥중 성도 가

---

33) 김승태, 『신사참배거부항쟁자들의 증언: 어움의 권세를 이긴 사람들』, 다산글방, 1993년, 391~394쪽

34) 김문제, 『수진제단－재건교회』, 대한예수교장로회재건서울중앙교회, 1963년, 37~44쪽.

35) 최병문, 『순교사 제1집: 주기철 목사편』, 대한기독교순교자기념사업회, 1959년, 69쪽

운데 최고령(당시 76세)이었던 최봉석 목사가 숨을 거두었다. 최봉석 목사는 1944년 3월부터 금식 기도에 들어갔다. 그의 단식(斷食)은 죽음을 끌어당겨 남은 고난의 시간을 단축하려는 의지를 담고 있었다. 40일 금식 기도를 마친 4월 10일에 이르러 그의 몸은 회복 불능 상태에 빠졌다. 형무소 당국은 병보석으로 그를 가족들에게 인계하였고 평양 연합 기독병원에 입원시켰으나 결국 회복하지 못하고 4월 25일 "하늘에서 전보가 왔구나. 하나님이 나를 오라고 부르신다"는 말을 남기고 숨을 거두었다.[36)]

한 달 후인 5월 23일엔 이현속 장로가 평양 형무소 안에서 숨을 거두었다. 함안읍교회 장로였던 그는 한상동, 주남선 목사 등과 경남지역 신사참배 반대운동을 주도하다 체포되어 평양으로 압송되었다. 오랜 수형 생활로 인한 영양 실조로 몸이 회복 불능 상태에 다다르자 4월 병보석으로 잠시 가석방되었다. 그 때 평양에 올라와 있던 김차숙 여사(한상동 목사 부인)와 오정모 집사(주기철 목사의 부인)의 극진한 보살핌으로 건강이 회복되었다. 건강이 좋아지자 일제 당국은 그를 재차 수감시켰고 또 다시 시작된 감옥 생활을 견디지 못한채 한 달 만에 죽음을 맞게 되었다.

이 같은 순교 소식을 들은 이인재 전도사와 옥중 성도들은 두려움과 절망에 떨기는 커녕 오히려 순교의 열정에 몸이 타 올랐다. 순교가 감옥 밖의 사람에게는 두려운 공포였으나 옥중 성도들에겐 부러운 하나님의 은총이었고 얻고 싶은 영광의 면류관이었던 것이다.

---

36) 심군식, 『손명복 목사의 생애와 설교』, 도서출판 영문, 1996, 62~63쪽.

3. 순교, 그 이후

주기철 목사와 많은 옥중 성도들의 순교는 그들을 지지하고 따랐던 많은 교인들에게 충격과 슬픔이 되었다. 하지만 그들의 죽음이 순교자들의 가족이나 지하교회 교인들의 신앙 투쟁 의욕을 저하시킨 것은 결코 아니었다. 오히려 신사참배를 거부하고 항쟁하는 이들에게 신앙 투쟁 의지를 더욱 강화시켰다. 특히 형무소 안에 갇혀 있던 옥중 성도들에게 죽음은 더 이상 두려운 소식이 아니라 부럽기까지 한 축복이었다. 이미 죽음을 각오하고 들어간 그들이었기에 동료 성도들의 순교 소식을 들을 때마다 오히려 신앙과 투쟁 의지가 강화되었다. 이인재 전도사를 비롯한 한상동, 채정민, 이기선, 주남선, 방계성, 오윤선, 이광록, 최덕지, 조수옥 등 평양형무소에 수감되어 있던 옥중 성도들 모두가 그러하였다.

이와 같은 순교자들의 죽음 이후에도 옥중 성도들에 대한 예심 과정은 느릿느릿 우보(牛步) 형태로 진행되었다. 주남선 목사의 증언에 의하면 1944년 12월 한 차례 예심 법정에 나갔고 1945년 5월 초에 예심 판사가 형무소로 와서 최후 심문을 했으며 5월 18일에 이르러서야 "이기선 등 21명을 평양지방법원 공판에 회부한다"는 내용의 예심 종결서가 발송되었다고 한다.[37)]

37) 김승태, 앞의 책, 139~140쪽.

제 4 부

출옥과 새로운 시작

제 16 장

815 해방과 출옥

1. 귀향한 가족들

1939년 가을, 아버지를 따라 평양으로 갔던 장녀 이정희와 장남 이정빈, 그리고 차녀 이수옥과 아내 신을라는 3년간 평양 생활을 정리하고 고향인 밀양 상남면 마산리로 귀향하게 되었다. 이인재가 평양형무소에 투옥되어 있었으니 그 가족들의 고생이란 이만저만한 일이 아니었다. 평양서 낳은 딸인 이수자는 밀양으로 돌아온 지 며칠되지 않아 병으로 그만 죽고 말았다.

1944년, 장남 이정빈은 상남초등학교 4학년에 전학(轉學)하게 되었다. 교사들이 이정빈이 신사참배하지 않는 것을 알면서도 슬며시 눈감아 주면서 그의 전학을 허락해 준 것이다. 숨막히는 시절, 너무도 답답한 일들이 많았던 때였지만 그래도 고마운 분들이 더러 있었다.

1945년, 초등학교 5학년이 된 이정빈이 선교사님들을 통해 들은 이야기를 학교 친구들에게 전달한 일이 있었다. "사이판에서 왜놈들이

광복과 함께 출옥의 감격을 맛보는 사람들
(사진은 독립투사들이 해방과 더불어 출옥의 기쁨을 누리는 서대문 형무소 앞 광경)

전멸했다더라. 왜놈들이 망해야만 우리 조선이 속히 해방될 수 있대."

그때 마을에서 부자로 통하던 강씨네 아들이 부동자세를 하면서 대뜸 이렇게 소리를 치는 것이었다. '고노야로!!'[38] '그러면서 정빈이 한 말을 일본 순사들에게 일러준다는 것이었다. 이정빈은 아버지인 이인재 전도사로 인해 일본 순사들로부터 너무도 많은 감시와 스트레스를 받고 살았기 때문에 일본 순사에 대한 공포는 순사라는 말만 들어도 바지에 바로 오줌을 살 정도였다.[39]

---

38) '고노야로' 는 일본말로서 '너, 이 자식!!' 이란 욕설이다.

39) 이인재 전도사의 장남인 이정빈은 이후에 연세대학교에서 교육학을 전공하였고, 우리나라가 최초로 교육부가 발령한 계명대학교 정교수가 되었다. 그는 계명대학교에서 부총장으로 재직을 했으며 정년 퇴직 후 현재 대구에서 살고 있다. 이정빈 교수는 그 날 이후 지금까지도 경찰만 보면 왠지 모르는 두려움을 갖게 된다고 고백한다.

그날 정빈은 이 강씨 아들에게 얼마나 많이 얻어 맞았는지 모른다.

그 후로 이정빈과 그 가족들은 숨을 죽인채 일본의 패망을 위해서 기도하게 되었다.

2. 1945년 8월 15일

1945년 8월 15일, 일본 히로시마에 원자폭탄이 떨어졌다.

이것은 일종의 경고였다. 원자탄의 위력을 알지 못하는 일본인들에게 미국은 미리 피신할 것을 알렸고 아주 작은 원자탄을 투하하였다.

그러나 그 위력은 대단하였다. 원자탄이 떨어지는 순간 번쩍하는 강한 빛살이 눈을 부시게 하더니 버섯구름이 치솟았다.

그리고 모든 것이 녹아 내렸다. 생물이든 광물체이든간에 그냥 허물어지듯 녹아내려 버린 것이다.

히로시마에 원자탄을 투하한 후 트루만 미국 대통령은 성명을 발표하였다.

"... 히로시마에 실험용 원자탄을 투하하였다. 이 놀라운 위력을 보고도 항복하지 않을 경우 다시 다른 장소에 원자탄을 투하하겠다."

그러나 일본은 그 무서운 원자탄의 위력을 보고서도 항복을 하지 않았다.

미국은 두 번째 원자탄을 나가사끼에 투하하였다. 미국의 힘을 과시

원자폭탄 투하. 사진은 인구 34만의 일본 군사도시 히로시마를 일순 완전초 토화 시켜버려 가공할 위력을 보인 히로시마 상공 1,700미터까지 솟구쳐 오른 죽음의 버섯구름 모습이다.

한 것이다.

그리고 B29 8백대를 일본 상공에 날렸다. 엄청난 폭격이 가해졌다. 일본 천황 히로히토는 궁정 방공호 속에서 각료들을 불러 어전회의(御前會議)를 열었다.

그리고 8월 15일 정오, 방송을 통해 무조건 항복을 선언하였다.

이같은 소식이 전해지면서고 조선은 일본의 손에서 해방되었다. 조선 천지에 "만세" 소리가 메아리쳤다.

3. 1945년 8월 17일, 출옥

그러나 평양 형무소 내에서는 아무런 낌새를 알아차릴 수가 없었다. 간수들이 자신들의 생명을 보존하는 일에만 급급하였기 때문에 이틀이 지난 후 8월 17일 저녁 무렵이 되어서야 해방의 소식이 알려지게 되었고 출옥준비가 진행되었다.

이인재 전도사는 간수의 지시대로 형무소 사무실로 나갔다. 함께 투옥되었던 여러 신앙의 동지들이 앞서 나와 있었다.

반가운 얼굴들이었다. 한상동 목사, 주남선 목사, 이기선 목사, 손명복 목사 등등.

서로 껴안으며 반가워 하였다.

한상동 목사는 걸음을 제대로 걷지 못하였다. 이인재 전도사는 한 목사를 부축하며 맡겨진 짐들을 챙겼다.

옥문 밖을 나섰다. 밤 11시가 되었는데 출옥 소식을 듣고서 많은 성도들과 가족들이 그들을 기다리고 있었다.

일행은 성도들이 마련해 온 인력거를 타고 평양 시내를 한 바퀴

돌았다. 늦은 밤 성도들의 찬송소리가 온 평양 하늘에 울려 퍼졌다.

출옥성도들은 안이숙 선생 모친의 집으로 갔다.

그리고 이기선 목사의 인도로 감사예배를 드렸다.

밤은 깊어가고 있었다. 그러나 출옥성도와 함께 한 성도들은 밤이 깊어가는 줄도 모르고 감격에 젖어 있었다.

식사가 마련되어 있었지만 엷어진 창자가 그 음식을 받아들이지 못하였다.

새벽이 오기까지 그렇게 지내다가 새벽 4시경 모두 산정현 교회로 갔다. 그리고 산정현 교회에서 집회가 시작되었다.

그냥 감격과 감사 뿐이었다. 그렇게 시작된 집회는 2개월간 계속되었다.

4. 1946년 이른 봄, 출옥성도 환영회

1946년 이른 봄이었다. 진달래가 아직 꽃망울을 맺고 있을 무렵이었다. 밀양마산교회에서는 출옥성도 환영회가 있었다. 이것은 마산교회의 박수민 장로의 주선으로 이루어졌다.

박수민 장로는 마산교회의 초대 장로요 신사참배 반대로 숱한 고초를 겪었던 귀한 하나님의 사람이다.

밀양 마산교회는 출옥성도인 이인재 전도사의 고향교회이다. 출옥성도인 한상동 목사가 마산 문창교회에서 신사참배 반대로 배척을 당하자 박수민 장로는 직접 한 목사를 찾아가 그를 마산교회 담임 교역자로 청빙해 왔다. 이로 인해서 1938년부터 해방이 될 때까지 마산교회와 성도들이 겪은 고난은 이루 말로 표현하기 힘들 정도였다.

하지만 밀양마산교회는 박수민 장로가 있었기에 일제말엽 신사참배 문제가 대두되었을 때 끝까지 신사참배를 거부하고 신앙을 지키며 교회를 사수하였다. 박수민 장로는 고신교단의 기둥과 같은 인물들인 박손혁 목사, 박치덕 목사, 박정덕 목사의 부친이기도 하다.

박수민 장로의 주선으로 출옥성도들은 환영회를 갖게 되었다. 이날 행사는 박유덕 집사 집에서 가졌다. 동서남북에서 모여든 성도들이 인산인해를 이루었다. 출옥성도들은 흰 모시옷을 입고 마치 개선장군마냥 승리의 입장을 하는 듯 하여 모여든 모든 이들이 감격의 눈물을 흘리며 다들 기뻐하였다.

이어서 예배가 시작되었다. 찬송가 "시온의 영광이 빛나는 아침"이 울러 퍼졌다. 2절 "메였던 종들이 돌아오네"를 부를 때였다. 여기저기서 울음 소리가 터져 나왔다. 감사와 감격의 눈물 바다였다.

이날 설교는 손양원 목사가 하였다. 말씀이 선포될 때마다 성령께서 함께 하셔서 은혜와 감동이 넘쳐났다.

이 출옥성도 환영회에는 주남선 목사, 이인재 전도사, 손명복 목사, 조수옥 권사 등이 참석하였다. 당시 한상동 목사는 평양 산정현교회에 남아 있었기 때문에 참석하지 못하였다.

이 모임은 몇 가지 의미를 부여하였다. 첫째는 지난 날의 아픈 기억을 되새기며 다시는 그런 날이 없기를 기원하기 위해서였다. 그리고 그런 위기가 닥쳐왔을 때 신앙을 굽히지 말아야 한다는 경종을 울리기 위함이기도 하였다.

둘째는 출옥성도들의 신앙노선을 그대로 따르고 본(本)을 삼자는 의미도 있었다. 해방이 되어 과거를 잊어버리고 현재에서 만족하려는 사람들을 일깨워주기 위함이었다.

셋째는 끝까지 신앙으로 승리하기 위해 사선(死線)을 넘은 출옥 성도들을 위로하고 노고를 치하하기 위해서였다.

이날 모임은 뜻있는 분들이 많이 참석하였고 은혜 가운데 끝을 맺었다.

제 17 장
가마다 판사의 고백

1. 한가지 후회

이인재 전도사는 지난 날들을 회상하면서 생각에 잠겨 들었다.

5년 4개월간 평양형무소에서 감옥살이를 하면서 무수한 고난 속에서도 어려움을 참으며 투쟁하여 왔다. 그러나 한 가지 마음에 걸리는 일이 있었다. 그것은 그가 예심재판을 받으면서 조선총독부 재판소 서기 가마다 판사가 '일본 천조대신을 일본국조로 인정하는가?' 라고 묻는 말에 엉겁결에 '네, 그렇습니다' 라고 대답한 부분이었다.

이인재는 이날 이후부터 왜 내가 '그럴 수 없다' 고 부인하지 못했던가 하는 후회를 종종 하게 되었다. 그래서 이인재는 1945년 8월 말, 예심판사였던 가마다(鎌田)를 찾아갔다.

한 때는 당당한 권세를 업고 날아가는 새라도 떨어뜨릴 위엄을 가졌던 가마다 판사였다. 그의 말 한 마디면 사람을 죽이기도 살리

기도 하였다.

그러나 이제는 일본이 패망하였고 그는 패전국의 국민으로 풀이 죽어 있었다. 곧 본국으로 돌아가야 할 신세였고, 혹 돌아가기 전에 누군가에 의해 피살당할지도 모르는 처지였기에 몹시도 두려워 하고 있었다.

그는 날개 꺾인 전직 판사였다. 그런 가마다를 찾아간 것이다.

그에게 하고 싶은 한 마디 말이 있었기 때문이다.

아직 더위가 가시기 전이라 햇볕이 뜨거웠다. 가마다 판사의 관사는 잘 손질된 정원 속에 자리잡고 있었다.

몇 주 전만 해도 감히 민초들이 얼씬도 할 수 없는 판사 관사였다. 그러나 지금은 위엄을 잃은 평민의 집에 불과했다. 그것도 패전국 전직 관리의 집으로 많은 사람들의 멸시와 경멸의 시선을 받는 집으로 위험이 도사리고 있었다.

언제 누가 엎칠런지 알 수 없는 불안한 집이었다.

이인재는 하얀 두루마기를 입고 가마다 문을 두드리며 소리쳤다.

"가마다상 있습니까?"

대답이 없었다.

몇 번을 계속해서 문을 두드리며 소리치니 안에서 인기척이 들렸다.

"누구십니까?"

하인인 듯한 사람이 문도 열지 않은 채 되물었다.

"나는 구니모토〔國本〕라는 사람인데 가마다상을 만나고 싶어서 왔습니다."

"가마다 상은 지금 집에 안 계십니다."

하인인 듯 보이는 사람이 거짓으로 대답했다.

이인재는 하인의 말이 거짓인 줄 알고 몇 시간 동안 가마다 집 앞 언덕 위에 서 있는 나무 그늘 밑에 앉아서 함참동안을 더위를 식히며 기다렸다.

이를 가만히 지켜보고 있던 가마다 판사는 자기 집 하인을 시켜 뒷문을 열고서 이인재를 향해 손짓을 하였다.

"앞문은 철폐하였어요. 이쪽 뒷문으로 오십시오."

그를 따라 안으로 들어갔다. 응접실에 안내 되어 잠시 기다렸다.

가마다는 자리에 누워 있었던 것 같았다. 옷을 갈아입고 응접실로 나왔다. 재판 할 때의 위엄은 사라지고 평범한 보통사람의 미소로 그를 맞아 주었다.

먼저 이인재가 위로의 말을 건냈다.

"당신들이 패전해서 안됐소이다."

"아... 구니모도상, 얼굴이 훤해 보이시니 참 좋습니다. 고생 많이 하셨지요? 본의 아니게 많은 고통을 드려 대단히 죄송합니다. 진심으로 사과드립니다. 함께 고생하셨던 친구분들 다들 안녕하십니까?

아, 인사가 늦었네요. 구니모도상 귀국의 독립을 축하드립니다."

판사로서 또 죄인으로 그렇게 만났던 그때와는 판이하게 달랐다. 말씨가 겸허하긴 하나 힘이 없었다.

가마다를 만나러 온 것은 지난날의 잘못이나 억울한 일을 따지러 온 것이 아니었다. 그래서 구구한 인사나 또 지나간 일들에 대해 장황하게 이야기하고 싶지는 않았다.

그는 용건만 이야기하고 떠날 생각이었다. 기회가 없을까봐 서둘러 찾아 온 것이었다.

"저, 말씀 드릴게 있어서 찾아 왔습니다."

이인재 전도사는 정색을 하며 말했다.

"말씀하십시오."

가마다는 꼭 죄수가 법관 앞에 선듯 겸손히 머리를 숙인 채 말하였다. 완전히 바뀐 형편이었다.

몇 주 전만 하더라도 가마다는 대일본 제국의 판사였다. 이인재를 재판할 때 위협도 하고 언성도 높이며 언제나 당당했었다. 그러나 지금은 달랐다.

"다른 것이 아니라 언젠가 당신이 나에게 심문을 하면서 '천조대신을 일본국조로 인정하는가?' 하고 물으신 일이 있습니다. 그때 내가 엉겁결에 '네, 그렇습니다.' 하고 대답을 해버렸습니다. 그런데 그날, 돌아와서는 왜 그럴 수 없다고 부인을 하지 않았는지 후회가 되었습니다. 다시 불려가서 그런 질문을 받으면 '천조대신은 신이 아니다' 라고 대답할려고 벼르고 있었습니다. 그런데 내가 다시 재판정에 불려가지 못한 채 해방을 맞았습니다. 이제 나는 당신이 일본으로 가기 전에 당신 앞에서 분명히 말하고 싶습니다.

"천조대신은 신이 아닙니다. 일본이 조작해 낸 것에 불과합니다."

이인재의 말을 가만히 듣고 있던 가마다 판사는 고개를 들면서 몇 차례 절을 하였다.

"아닙니다. 아닙니다. 그것은 내가 잘못한 질문이었습니다. 용서하십시오. 그런걸 물어본 내가 잘못하였습니다."

"그렇지 않습니다. 가마다상 당신은 일본 사람이니 일본의 풍습과 관례를 따르는 것이 마땅하지 않습니까? 그러나 그러한 질문을 받았을 때 나로서는 그것이 아니라고 말하고 당신에게 오히려 전도를 했어야 하는데 그렇게 하지 못한 것이 정말 후회스럽습니다."

"당신은 참으로 훌륭하신 신앙인이십니다. 정말 존경스럽습니다."

가마다는 계속 절을 하면서 이인재에게 사과의 뜻을 표하였다.

2. 가마다 판사의 고백

이인재 전도사는 늦었긴 하지만 늘 마음에 꺼림직하게 여겼던 것을 털어놓고 나니 마음이 너무나 가벼워졌다. 마치 목에 걸려 있던 가시를 뽑아 버린듯 상쾌하였다.

이인재 전도사는 가마다에게 인사로 이런 말을 했다.

"일본이 일억 국민을 총동원해가며 전쟁에 승리할려고 노력을 했는데 패전으로 결말을 짓게 되어서 참으로 유감스럽게 생각합니다. 하지만 우리에게는 참으로 다행한 일이 되었네요. 한 쪽이 좋으면 한 쪽이 나쁘게 되고 한 쪽이 나쁘면 한 쪽이 좋아지게 되는 것이 세상의 이치인 것 같습니다. 우리나가 속담에 '음지(陰地)가 양지(陽地)되고 양지가 음지 된다' 는 말이 있는데 맞는 말인 것 같군요."

그 때 가마다가 눈을 크게 뜨며 말했다.

"구니모도상, 당신이 믿는 여호와 하나님이 이겼습니다. 당신의 신은 참신이십니다. 나는 사실 당신들을 접촉하면서 당신들이 진실된 신앙의 사람들이라는 것을 알고 많은 감화를 받았습니다. 사실 당신들에게 죄가 없다는 것을 나는 잘 알고 있었습니다. 그런 당신들을 오래 구금시켜둔 것은 나의 본의가 아니었습니다.이것만은 알아주십시오. 경찰 당국에서 너무 가혹하게 취조를 해가며 기소를 했기 때문에 어쩔 수가 없었습니다."

"예, 잘 알고 있습니다."

가마다 판사는 한참 창 밖을 바라보다가 말을 이었다.

"구니모도상 사실 지금 생각해 보니 천조대신은 가상(假想) 신이었어요. 아니, 신도 아니지요. 처음부터 천조대신은 없는 것이었는지 모를 일입니다. 정말 부질없는 일을 한 셈이지요. 당신들이 섬긴 여호와는 참 신이십니다. 우리는 12월 이내로 일본으로 돌아갑니다. 돌아가서는 나도 당신이 섬기는 여호와 하나님을 섬기게 될는지 모르겠습니다. 나는 당신들에게 너무 많은 감동을 받았습니다. 사실 지금 내 심정 같으면 당신들 같은 위대한 기독신자가 있는 이 나라 국민으로 살고 싶습니다. 그러나 일본에서 올해 안으로 귀국하라는 명령이 있었기 때문에 나는 가야만 합니다."

이인재 전도사는 가마다의 말을 들으면서 말할 수 없는 기쁨이 밀려왔다.

그는 일어나 가마다의 손을 잡고 작별의 인사를 하며 권면하였다.

"아무쪼록 무사히 귀국하시기를 바라며 꼭 하나님을 영접하시길 바랍니다."

이인재 전도사는 가마다 판사의 관사를 나와 집으로 발걸음을 향했다. 벌써 해가 서산에 기울고 있었다.

제 18 장

새로운 시작과 혼란기

1. 새로운 시작

해방이 되자 한국교회는 대단히 어지러웠다.

일제하에 강요당한 신사참배 문제로 옥고를 치룬 17명의 신앙의 투사들이 출옥을 하였다.

1946년, 38선으로 말미암아 남북의 교류가 차단되고 이북에서는 출옥성도 이기선 목사를 중심으로 장로교 복구운동이 일어나 독노회(獨老會)가 선언되었다.

남쪽에서는 북쪽을 제외한 '남부총회' 가 1946년 6월 12일부터 15일까지 서울 승동교회에서 열렸다. 38선이 철폐되면 남북이 함께 통일된 총회를 조직하기로 하고 38선 이남의 12노회가 모여 남부총회를 조직하였다. 그리고 이 남부총회에서 조선신학교를 총회가 직영하기로 하고 대학령에 의한 신학교를 운영하도록 합의를 보았다.

그러나 신사참배를 반대했던 이들은 이 모임에 대해서 호감을 갖

고려신학교 교수들과 함께한
이인재 목사(뒷줄 왼쪽 첫 번째), 1960년대

지 않았다.

조선신학교는 1938년 평양신학교가 신사참배 반대의 이유로 폐교되고난 후, 1940년에 김재준 목사가 창립을 한 학교이다. 자유주의 노선을 지향하는 신학교로 나타난 것이다.

1946년 3월, 한상동 목사가 평양 산정현교회를 시무하던 중 모친의 별세 소식을 듣고 남하하였다가 38선의 강화로 월북하지 못하게 되었다.

그 해 5월 20일, 한상동 목사는 같은 출옥성도인 주남선 목사, 그리고 전 만주동북신학교 교수였던 박윤선 목사와 함께 경남에 신학교를 설립하기로 하고 기성회를 조직한 바 있었다.

남부총회가 모여 조선신학교를 총회 직영 신학교로 결의하였다는 소식을 듣고 한상동 목사는 개혁주의 신학교의 필요성을 실감하고 급히 서두르게 되었다.

우선 신학강좌부터 열기로 하고 6월 23일, 진해 하사관 훈련 수련관에서 박윤선 목사를 강사로 하여 '하기 신학강좌'를 개최하였다. 수강생은 60여명이었다.

여기서 신학교 설립의 가능성을 보게 되자 7월 9일, 경남노회 제47회 임시노회에 이를 상정하였고 노회의 허락을 받게 되었다.

그리고 9월 20일, 부산진 일신여학교에서 고려신학교를 개교하였다. 자유주의 신학을 견제하고 보수주의 신학을 주창하는 신학교가 탄생하게 된 것이다.

2. 새로운 신학공부의 기회

평소 신학공부에 대한 열의가 대단한 이인재에게 새로운 기회가 주어졌다.

이인재 전도사는 해방 후인 1945년 10월부터는 잠시 동안이지만 고향교회인 밀양마산교회 제12대 교역자로 사역하였다. 그러다가 1946년~1947년에는 창원교회 제17대 교역자로 부임해서 사역하게 되었다.

창원교회 전도사로 부임하여 교역자 생활을 하던 이인재 전도사에게 그토록 열망해 오던 신학공부의 기회가 주어지게 되었다. 1946년 6월 23일, 진해 하사관 훈련 수련관에서 신학강좌가 열리게 된 것이다. 그는 서둘러 진해 하기 신학강좌를 수강하였다.

그리고 1946년 9월 20일, 역사적인 고려신학교 개교식날, 이인재 전도사는 고려신학교에 입학하였다. 황철도, 조수환과 함께 별과 3학년에 편입하였다. 이미 평양신학교 등에서 공부한 것이 인정되었던 것이다.

1938년 4월, 이인재는 평양신학교에 입학해서 1학기 수업만 받고서 2학기 수업에는 아예 참석도 하지 못한 채 자신의 꿈을 접어야 하는 상황에 부딪친 적이 있었다. 신사참배 문제로 평양신학교가 폐교되었기 때문이었다. 그럼에도 이인재는 비밀리에 지하신학교를 개강하여 뜻있는 10여명의 학생들과 함께 신학공부를 하였다. 그러나 이 신학교도 끈질긴 고등계 형사들의 추적과 방해로 오래가지 못하였다. 그리고 자신은 신사참배반대 운동가로 투옥되면서 신학공부와는 영영 멀어지는듯 보였다. 그렇지만 이젠 자유롭게 신학공부를 할 수 있게 된 것이다.

창원과 부산을 왕래하며 열심히 공부하였다.

3. 고려신학교 제1회로 졸업

1947년 6월 7일, 이인재 전도사는 고려신학교 제1회생으로 졸업하였다. 제1회 졸업생은 이인재, 조수환, 황철도. 세 명뿐이었다.

졸업 후 이인재 전도사는 서울 신당동에서 성산교회를 개척 설립하였다. 그러나 6.25사변 때 전쟁의 참사로 성산교회당은 흔적도 없이 사라져 버리고 말았다.

1951년 3월 6일, 이인재는 마산 문창교회에서 열린 제54회 경남노회 정기노회에서 목사 안수를 받았다. 이 날 목사로 장립을 받은 사람은 이인재, 배수윤, 김희수, 김장원, 정해동, 손명복, 박성근 이렇게 모두 7명이었다.

이인재 목사의 고려신학교에 대한 사랑은 남달랐다. 그는 자수성가해서 모아놓은 밀양의 상남면 마산리의 전답(田畓) 중 일부를 정리해서 보따리신학교로 불리우던 고려신학교의 부지매입과 교사(校舍) 건립에 이상근 목사와 함께 헌금을 하였다. 그리고 자신이 인도한 집회의 강사 사례비를 고스란히 신학교로 보내었다.

4. 거제 장승포 교회에서 대구 성남교회로

1950년대의 이인재 목사의 목회 사역은 참으로 힘들었다.

서울 성산 교회에서 전도사로 교역생활을 하던 중에 1950년 6월 25일 전쟁을 겪게 되었다. 난리 가운데 힘든 나날을 보내던 중 이인재 전도사는 목사안수를 받게 되었다. 목사 안수를 받고서 섬기는 직분은 달라졌지만 전쟁으로 말미암아 참으로 힘든 생활고를 겪게 되었다. 이 시절 힘들지 않게 산 사람이 누가 있겠는가마는 특히 이인재 목사의 가족들에게는 너무나 힘든 생활이 계속되었다.

1952년 5월까지 거제 장승포 교회를 담임하던 이인재는 1952년 7월, 대구 성남교회 초대 목사로 부임하게 되었다.[40)]

대구 성남교회는 지금의 대구 성동교회이다. 성남교회는 대구지방에서 최초로 설립된 대구제일교회에서 분립된 교회이다. 고려신학교를 독자적으로 운영한다고 하여 총회측에서 출옥성도들을 곱게 보지 않았다. 총회는 전권위원회를 만들어 고려신학교를 지지하

---

40) 「대구 성동교회 약사(略史)」에는 이인재 목사가 1953년 1월 8일~1960년 12월 6일까지 시무했던 것으로 기록되어 있지만 이는 사실과 다르다. 거제 장승포 교회에서 1952년 5월까지 사역을 마치고 1952년 7월, 대구 성남교회로 부임하게 되었다. 자신의 성경책 겉표지에 "1952년 7월, 대구 성남교회 부임"이라고 적어둔 이인재의 친필 기록이 이를 뒷받침한다.

는 경남노회에 계속적인 압력을 가했다.

여기에 반대하는 교인들이 많이 생겼다. 그들은 우선 기존의 교회에서 벗어나 새로운 교회를 개척하면서 고려신학교 후원에 가담하였다.

경북에서는 여러 곳에서 그런 현상들이 일어났다. 대구 성남교회도 그러한 형편에서 개척되었다고 볼 수 있다. 이러한 기존교회를 벗어나 새로이 개척교회를 세우는 것을 진리운동이라 하였다.

1951년 1월, 대구제일교회에서 고경희 권사, 임장실 권사, 조신명 권사, 송은경 집사 등 9명이 함께 나와 1951년 첫주부터 따로 예배를 드리게 되었다. 신일 이발관 2층에 모여서 오종덕 목사의 인도로 주일마다 모여 예배하였다.

1952년 4월, 대구시 중구 동성로 91번지에 대지 100평을 구입하여 30평 건물을 지었다. 이 곳에서 성남교회 창립예배를 드리게 되었다. 창립예배 후 성남교회는 서울 성산교회에서 사역하던 출옥성도 이인재 목사를 담임 목사로 청빙하였다.

하지만 이곳에서의 목회는 순탄하지가 않았다. 이인재 목사는 자신과 고락(苦樂)을 함께하던 사랑하는 아내 신상이를 잃게 되었다. 그리고 교회가 분쟁으로 나누이게 되는 아픔도 겪게 되었다.

사랑하는 아내의 죽음

신상이 사모는 둘째 아들 이정신을 출산하고 몸이 몹시도 불편한 상태에 있었다. 약간의 뇌출혈로 경미하지만 중풍을 앓게 되어 거동(擧動)이 불편한 상태였다. 오랜 시일동안 신사참배 반대운동을 하는 남편 뒷바라지 하랴, 6.25전쟁 때문에 피난 다니랴, 또 이 교회 저

교회로 시무지를 이동할 때마다 겪은 어려움이 누적되어 급격하게 몸이 무너지고 있었다. 하지만 그동안 잘 버텨왔었는데 1952년 12월 17일, 만 44세의 나이로 갑자기 쓰러지게 된 것이다.

사실 이날 신상이 사모가 뇌출혈로 쓰러졌을 때 이인재 목사는 거창교회 집회 인도차 막 출발하려던 참이었다. 몇일간의 부흥집회 일정이 잡혀있었기 때문에 이인재 목사는 큰 아들 이정빈에게 뒷일을 부탁만 한 채 집을 나서 버렸다.

당시 큰 아들 이정빈은 연세대학교 2학년에 재학 중이었다. 6.25 전쟁으로 인해서 연세대학교는 부산에서 임시 캠퍼스를 운영하고 있었다. 학교에서 공부하던 중 이 소식을 접한 이정빈은 무척 당혹스러웠다.

'집회 인도가 약속되어 있어 그 일이 아무리 중요한 것이라 하더라도 어찌 쓰러진 아내를 뒤로 할 수 있단 말인가?' 아버지에 대한 원망의 마음이 들었다.

못내 아버지의 무심한 태도가 못 마땅했다.

결혼해서 출가한 누나 이정희가 소식을 듣고 달려왔다. 그러나 아무런 손을 쓰지 못한채 신상이는 자신에게 주어진 생애를 마감하게 되었다.

자식의 입장에서는 아버지가 일 밖에 모르는 일 중독자처럼 보였다. 그러기에 아버지에 대한 원망도 어쩔 수 없는 것이었다.

이후 큰 아들 이정빈에게는 이 일이 아버지에 대한 섭섭함으로 마음 한 켠에 자리잡게 되었다.

재혼.

첫부인을 잃은 이인재는 자신의 일에 더욱 몰두하게 되었다. 성남교회를 섬기면서 그때의 의욕이란 이루 말할 수 없을 정도였다.

그러나 이인재 목사의 주위에서는 그의 재혼 문제를 두고 많은 이야기들이 오갔다.

당시 박윤선 목사도 비슷한 처지에 놓여 있었다. 1954년 3월 18일 부인 김애련 사모가 불의의 교통사고로 목숨을 잃게 된 것이다. 그 후 6개월, 박윤선 목사는 부산남교회 전도사로 지낸 적이 있던 이화주(李和主)양과 재혼을 하게 되었다.

이 일을 계기로 이인재 목사 주변에서도 목회를 하는 목사에게는 아내가 꼭 필요하다며 그의 재혼을 서두르게 되었다.

아내와의 사별 후 3년, 이인재 목사는 한상동 목사와 조수옥 권사, 임두연 사모로 부터 문상문이라는 처녀를 소개받게 되었다.

문상문이라는 처녀는 당시 삼일교회에 출석하는 신앙이 좋은 노처녀였다. 이인재 목사는 주남선 목사가 목회하는 거창지역을 중심으로 많은 집회를 가졌는데 문상문이라는 처녀도 거창교회에서 유치원 교사로 봉사했던 경력이 있고 해서 서로간에 공감되는 부분이 많았다. 특히 박윤선 목사와 이인재 목사가 동갑내기요, 또한 박윤선 목사의 아내가 된 이화주 사모와 이인재 목사와 곧 결혼할 문상문이라는 처녀 역시 동갑내기였다. 그러니 주변에서도 천생연분이라며 그들의 결혼을 재촉하게 된 것이다.

1954년 초여름, 부산 삼일교회당에서 오종덕 목사의 주례로 이인재 목사는 문상문씨와 재혼을 하게 되었다.

다윗과 요나단

이인재 목사는 주변에 좋은 친구들이 많았다. 그는 일찍이 고향 교회인 밀양마산교회에서 차재선이라는 좋은 선생이자 친구를 두었었다. 그러나 그가 너무 일찍 세상을 떠나는 바람에 늘 아쉬움 속에서 함께했던 세월들을 추억하며 살았다. 그리고 이인재는 손양원 목사와도 가까운 관계였다. 손양원 목사가 순교했을 때 여수 애양원 교회가 후임 목회자로 그를 주목할만큼 그와 손양원 목사의 친분은 두터웠다.

이인재 목사는 옥중 동지이자 좋은 신앙의 선배였던 주남선 목사를 존경하였다. 그런 주남선 목사 곁에 백영희라는 좋은 신학생이 있었다.

백영희 전도사는 1910년 경남 거창군 주상면 도평리에서 칠 남매 중에 차남으로 태어나서, 이웃 웅양면에 있는 웅양 보통학교 5년 과정을 수료하였다. 그리고 수준급의 한학을 수학하였다. 그는 농촌에서 자랐고, 사회적 진출을 위하여 16세에 일본에 건너가서 3년 동안 여러 직장에서 다양한 생활 경험을 하였다. 그러나 일본의 생활에 미련을 두지 않고 고국으로 귀국하였다. 그리고 새로운 사업을 시작하였는데 그것이 양조장이었다.

백영희 전도사는 25세 때에 스스로 전도인을 초청하여 구원의 도리를 배우며 예수님을 영접하게 되었고, 그 후 자신의 기호품이었던 술과 담배를 끊으며, 양조장까지 신앙적 장애가 된다고 하여 처분하였다. 또한 많은 채권을 포기하고 모든 재산을 성서 공회에 기증하였다.

그는 웅양교회의 집사로 교회를 섬기면서 28세 때 고제면과 웅양면의 웅양, 봉산, 운기 그리고 개명을 동시에 맡아 무급 교역자로 헌신을 하였다.

당시 백영희 전도사는 여러 가지 면에서 이인재 목사와 비슷하여서 두 사람 사이의 친분은 남달랐다. 그의 탁월한 성경해석과 기도생활은 감히 다른 이들이 흉내내기 힘들 정도였다. 몇 살 연하(年下)이지만 이와 같은 백영희 전도사였기에 이인재 목사가 친구처럼 가까이 하는 것은 당연한 일이었다.

또한 그는 호주 선교부에서 경영하는 진주 경남 성경학원을 졸업하고, 1950년 6월 2일, 고려신학교에 입학해서 1954년 6월 17일 제8회로 졸업을 하게 되었다. 1952년 7월 27일, 서울 충현교회로 사역을 옮긴 김창인 목사의 후임으로 부산서부교회 전도사로 부임하였다. 그리고 1957년, 고신측 강도사 고시에 합격하고 제1회 거창집회를 시작으로 해서 1968년까지 부흥사로 크게 활동하였다.

또한 고려신학교 교장이었던 오종덕 목사도 그를 좋아해서 신학교 강의 시간에 특강을 맡기기도 하였다. 하지만 그가 가진 남다른 총명과 탁월한 기도생활은 자신이 경험한 세계 외에는 다른 해석을 받아들이지 못하는 한계가 있어서 당시 상당히 문제가 되었다. 그러나 이인재 목사는 이러한 백영희 전도사를 끝까지 옹호하였고 주변에서 이 두 사람을 지켜보던 사람들은 이 둘을 다윗과 요나단 사이라고 일컬었다.

백영희 전도사의 사(私)생활에 대해서도 많은 말들이 이인재 목사에게 건네졌다.

그럴 때마다 이인재 목사는 백영희 전도사로부터 그 일에 대한 사실을 확인했고 주변사람들에게 사실과 다른 점들에 대해 알려주

곤 하였다.

하지만 이와 같은 두 사람의 관계 때문에 성남교회는 중앙로에 자리를 잡고 3~4년이 지났을 무렵 교회 분립이라는 아픔을 겪게 되었다. 이때도 이인재 목사는 백영희 전도사를 옹호하고 지지하여 함께 뜻을 같이 하던 이들과 동성로 교회를 창립해서 새롭게 목회를 시작하였다.

1959년 4월에 고신측에서 백영희 강도사의 강도사직을 해임하고, 그해 9월에 백영희를 제명하게 되었다. 그리고 합동교단에서도 1968년 대구 달성교회에서 열린 경북노회를 통해 백영희 목사의 이단성에 대한 조사가 시작되었고 조사위원회의 의견을 경북노회가 받아들여 결국 백영희 목사를 이단으로 규정하게 되었다.

이와 같은 일들로 인해 두 사람은 각각 자신의 길을 걷게 된다. 분명히 해두어야 할 것은 이인재 목사는 백영희 목사의 초창기 모습, 특히 그의 복음에 대한 열정, 그의 탁월한 성경 해석, 남다른 기도생활 등에 함께 뜻을 같이 했을 뿐 그의 신학사상이나 성경해석관까지 같이 하지는 않았다는 점이다.

백영희 전도사가 주석도 보지 않고 성경을 해석하는 모습을 곁에서 지켜 보면서 이인재 목사는 주석을 참고할 것을 권면했으며 직접 기도를 통한 주관적인 성경 해석에 대해서도 여러차례 경고도 했었다.

한번은 이인재 목사가 백영희 전도사와 이런 이야기를 나누었다.

"너도 인간이고 나도 인간이다. 너도 무식한 사람이고 나도 무식한 사람이다. 네가 해석한 성경 말씀을 선배 학자들에게 한번쯤 물어보고 설교로 선포해야지 내가 느낀 그 느낌이 최고다라는 식의 해석은 옳지 않다."

하지만 백영희 전도사는 이러한 이인재 목사의 조언에 아랑곳 하지 않았다.

"기도하면 하나님께서 다 해석해 주신다. 나는 기도해서 깨달은 것만 믿는다".

그의 주장을 꺽을 사람은 아무도 없었다.

또한 백영희 전도사는 "중생한 영혼은 죄를 짓지 않는다"고 주장하였다.

이인재 목사도 도무지 이와 같은 생각까지는 동의할 수 없었다. 결국 다윗과 요나단 같은 친구 사이였지만 그와의 결별을 선언할 수 밖에 없는 상태에 이르게 되었다.

5. 합동교단에 머무르게 되어

1960년 12월 13일, 고신은 승동측과 합동이 되어 소위 합동교단이라는 이름으로 불렸다. 그러나 고신측은 1963년 합동측으로 분리하여 환원하였다. 그러나 이인재 목사는 환원하지 않은 채 합동측에 머물러 있었다.

왜 이인재 목사는 생사고락을 함께 했던 대다수 출옥성도들이 함께 하고 있는 고신측에 몸담지 않고 그가 합동교단에 머무르게 되었을까?

본인이 직접 그 대답을 전해주지 않아서 이유를 알기가 어렵지만 그의 행적을 살펴보면 다음과 같은 추측[41]을 할 수 있게 된다.

---

41) 이와 같은 추측은 그의 자녀들도 동감하는 부분이다.

첫째는 백영희 목사와의 관련성이다. 그가 섬겼던 교회들은 한결같이 백영희 목사를 추종하는 입장에 서 있었던 교회들이다. 동성로교회와 뒤에 살펴볼 대구 달성교회도 백영희 목사와의 관련성에서 쉽게 연관지워 볼 수 있는 교회이다. 그리고 그가 비록 백영희 목사와 직접적인 연관성은 없어진듯 보이나 도미 후, 여러 차례 한국방문시에 가졌던 집회들 중 많은 경우 백영희 목사와 직간접적인 연관성을 가진 교회에서 열린 것들이었다.

두 번째로 생각해 볼 수 있는 점은 정암 박윤선 목사와 이인재 목사의 친밀성이다. 이인재 목사는 1938년 평양신학교에 입학할 때부터 박윤선 목사과 친분이 두터웠다. 동갑내기지만 사제지간으로 서로 존중하고 아꼈던 사이였다. 심지어 무덤에서 같이 묻히기를 소망했을 정도였다.

1960년 7월 하반기, 어느 주일 아침에 박윤선 목사가 부득불 한 선교사의 마중을 나가게 되었는데 이것이 주일성수 문제로 대두되면서 결국 박윤선 목사는 고려신학교 교수직을 사면하게 되었고 이어 고신교단을 떠나 합동교단으로 옮기게 되었다. 이것도 이인재 목사가 합동교단에 머무르게 된 하나의 원인이 되었다. 그에게는 박윤선 목사와의 우정이 무엇보다 중요했던 것이다.

그럼에도 불구하고 이인재 목사의 고신교단에 대한 사랑은 남달랐다. 그가 합동측에 머무르면서도 설교를 통해서든지, 또 사람들을 만날 때에도 기회 있을 때마다 그는 항상 고신정신을 강조했다.

동성로 교회에서 서울로, 다시 대구로

1965년, 이인재 목사는 서울로 이사를 가게 되었고 의정부에 있는 새롭게 의정부중앙교회를 맡아 다시금 목회를 시작하게 되었다. 의정부중앙교회는 1953년, 의정부 제일교회에서 최수산나 집사외 5명의 성도가 분립해서 나와서 김수경 전도사와 함께 천막교회로부터 시작된 개척교회였다. 아직도 제대로 된 교회당이 없었기에 이인재 목사는 먼저 교회당짓는 일을 시작했다. 새롭게 지을 교회당은 그저 비가 올 때 비가 새지 않으면 되고, 바람이 불 때 바람을 막아줄 정도이면 좋겠다는 소박한 꿈을 가지고 뜻을 같이한 한 성도들과 함께 34평의 교회당을 예쁜 기왓집으로 지었다.

1967년 10월, 이인재 목사는 서울 의정부 교회를 사임하고 서울 성광교회에 부임했다.

그러나 1971년초, 대구 달성교회는 서울에서 생활하던 이인재 목사를 다시 대구 달성교회 담임목사로 청빙 하게 되었다.[42] 당시 달성교회는 매우 힘든 상황에 놓여 있었다. 전임자였던 백영친 목사는 백영희 목사의 동생이었는데 그가 자신을 따르던 많은 교인들과 함께 달성교회 인근에 새롭게 교회를 개척한 것이다. 이 일로 달성교회는 큰 어려움에 직면하게 되었다. 바로 이런 시점에 달성교회는 이인재 목사를 청빙했고 어려움에 처한 교회 재건을 시도하게 되었다. 이인재 목사는 달성교회로 부임했고 교회는 정상화하는 것 뿐만 아리라 새롭게 교회당 건축도 하게 되었다.

---

42) 대구 달성교회 홈페이지(http://www.idalsung.org/intro/intro4.htm)에는 이인재 목사가 1967년에 부임한 것으로 되어 있는데 이는 사실과 다르다. 이인재 목사의 전임자는 백영친 목사였다. 아마도 1967년~1971년까지는 백영친 목사의 시무에 대한 기록의 누락으로 보아야 할 것 같다. 달성교회 조옥만 장로의 증언에 의하면 이인재 목사는 백영친 목사의 후임으로 1971년도 초에 부임하였다(2006년 8월 22일, 오전 11시 30분, 이인재 목사의 장남인 이정빈 장로와 필자가 조옥만 장로를 만나서 증언 청취했음).

제 5 부

마지막 인생여정

제 19 장

마지막 인생여정

1. 도미(渡美)

1974년 6월 29일, 이인재 목사는 68세의 젊지 않은 나이에 미국으로 이민을 떠나게 되었다.

먼저 미국으로 이민가 있던 동생 이명재 목사의 초청이 있었고, 또한 이인재 목사에게도 더 넓은 세계에서 자신의 생명이 다하는 날까지 사명을 다하는 전도자가 되고 싶은 욕망이 있었기 때문이었다. 한국을 떠나기 전 송별회 때 이인재 목사는 "나도 이제는 바울과 같이 전 세계를 두루 다니며 복음을 전하겠다"고 여러 동료 목사들 앞에서 선포하였다. 그는 시카고 등(Chicago, Jersey City, Philadelphia, Erie, Denver, Boston, Greensboro, San Jose, L.A, Vancouver) 미국 내 10여개 이상의 도시와 8개주 이상의 여러 지역에서 쉬지 않고 복음을 전하였다.

도미(渡美)해서 그가 처음으로 거주했던 곳이 시카고였는데 자신

1974년, 미국으로 건너가기 전에 찍은 가족 사진

이 살던 집 앞에 한 야간 대학교 (Truman Community College)가 새로 설립되었다. 그리고 거기서 민병철씨가 영어회화를 가르치고 있었다. 이인재 목사는 그 학교에 등록을 하고 영어공부를 시작하였다. 배움에 대한 열정은 그 누구도 따르지 못할 정도였다. 약 30년전에 공부하고는 잊고 지냈던 영어가 쉽지는 않았지만 그는 그 일에 열중했다.

2. 미국에서의 이민 목회

미국에 처음 정착할 때는 동생 이명재 목사가 개척한 시카고 개혁교회를 도우며 인근의 한인교회의 집회를 인도했다.

그러다가 1976년, 자신이 거주하던 시카고에 미현교회를 개척하게 되었다. 68세에 건너온 미국이지만 이목사가 해야할 일들은 산재해 있었다.

부인인 문상문 사모는 미국에 오자마자 시카고의 한 냉동 음식 제조회사에 취직했다. 그리고 직장에서나 교회에서나 이민자들의 정신적 피폐와 신앙적 고갈 상황을 절감해 "이곳이야말로 바른 목회, 말씀 위에 바로 선 교회, 건전한 사회 가치관 정립이 필요한 곳이구나"는 생각으로 이인재 목사의 목회를 도왔다.

1978년에는 김병도 목사를 도와서 뉴저지 허드슨 장로 교회에서 설교봉사를 했으며(1978년-1979년), 1979년에는 펜실베니아주 이리(Erie) 장로교회(1979년~1981년), 1981년에는 필라델피아 새한 장로교회(1981년 5월~1984년), 1986년에는 콜로라도 덴버 성산교회를 섬겼다(1986년~1989년).

특히 1981년 5월에 필라 새한장로교회 창립목사로 청빙을 받아 76세의 고령에도 불구하고 지창욱 장로, 진원진 장로, 정경복 집사, 김사윤 집사 등과 함께 개척교회를 시작하게 되었다. 자신은 나이가 많기 때문에 교회 기틀만 잡아놓고 물러날 것을 생각하면서 교회개척이라는 힘든 일을 맡아서 감당하였던 것이다.

사실 한국에서 목회를 하였다면 이미 1976년에는 정년 은퇴를 했어야 함에도 불구하고 이인재 목사는 그가 한국을 떠날 때 동료 목사들 앞에서 말했던 바와 같이 사도 바울처럼 복음 전하는 일에 전력했다. 그는 항상 이렇게 말하였다.

"나는 백세가 되어도 나를 원하는 교회가 있으면 달려가 조건없이 설교하고 기도하겠다".

그는 1989년 마지막 사역지를 끝으로 보스톤에 사는 아들네(이정윤씨 집) 근처의 한 노인 아파트에 거주하면서 지내다가 필라델피아로 이주하게 되었고 1992년 3월 8일, 새한 장로교회의 명예 원로목사로 추대를 받게 되었다.

3. 점진적 개혁주의자

그가 여든 한 살이었던 1989년 10월, 미주 대한신보에서 인터뷰를 청했을 때의 일이다. 기자가 이인재 목사댁을 찾아갔다. 팔순 고령으로도 인생을 매일 새롭게 살아가는 원로목사인 그를 만나 얘기를 건네던 중 그가 힘주어 했던 말이 있다.

"누가 나더러 보수주의자라고 했지만, 사실은 그렇지 않아요. 오히려 점진적 개혁주의자라고 해야 옳아요. 현재의 나나 내가 지닌 사상, 그 행위가 성경에 비추어 맞지 않으면 언제든지 개선하고, 바로 잡아야 한다고 생각하니까요."

그는 81세의 나이에 걸맞지 않게 탄력있고 또렷한 어조로 힘주어 말하였다.

"팔순 노인이 늦게 목회를 시작하고 이렇게 오래 살 수 있는 것은 다 이유가 있어요."

얘기를 하다말고 손때가 절은 자신의 성경을 들추며,

"잠언 10장 27절을 보면, '여호와를 경외하면 장수하느니라' 이렇게 기록되어 있어요. 그리고 로마서 8장 13절에는 '너희가 육신대로 살면 반드시 죽을 것이로되 영(성령)으로써 몸의 행실을 죽이면 살리니' 라고 기록되어 있어요. 이처럼 주님이 내 안에 계셔서 언제나 성령이 가득하니 늘 기쁘고 감사해서 늙을 시간이 없어요..."

이인재 목사가 농담처럼 웃으며 말하였지만 그의 눈빛은 이 말이 진실임을 힘주어 말하고 있었다.

복음이 좋아서 복음을 어떻게 전파할까 자나 깨나 그 생각 뿐이라는 그는 성경 66권 속에 감추어진 무궁무진한 진리를 다른 사람에게 알리고 싶어 가슴에 불이 붙는다고 하였다. 그리고 그 귀한 보배를 모든 사람에게 골고루 나눠 줘야 하겠다는 일념때문에 팔순을 훨씬 넘겼음에도 불구하고 노스케롤라이나, 아틀란타, 샌프란시스코, 로스엔젤레스, 하와이까지 두루 다니며 하나님의 말씀을 전하는 일에 그의 노구는 지칠 줄 모르는 열정으로 불타 있었다.

90년대초, 총신대학교에서 명예박사 학위를 수여하고자 했으나 그는 그것을 거절했다. 평생 목양일념으로 이젯껏 살아온 자신이 이제와서 무슨 명예 박사학위가 필요하냐는 것이 그 이유였다.

4. 나그네 인생길

이인재는 미국에서 자신의 이름을 야곱(Jacob)으로 지명하여 사용하였다. 그는 성경 인물 중 야곱을 무척 좋아하였다. 그리고 그 또한 야곱처럼 험난한 삶을 살면서 신앙을 지켰다.

야곱이 말년에 바로 왕 앞에 서서 말하기를 "내 나그네길의 세월이 백삼십년....우리 조상의 나그네길의 세월에 미치지 못하나 험악한 세월을 보내었나이다." 고 말한 것처럼 이인재 목사도 그의 삶에 많은 풍난풍파를 경험하였으나 오직 하나, 하나님을 바라보는 단순한 신앙으로 험란한 순간들을 이겨냈었다. 야곱이 그의 인생 말로에 애굽 왕 바로를 축복했듯이 그도 비록 자신이 도미(渡美)해서 어려운 삶 가운데 처하였지만 자신이 만나는 수 많은 사람들에게 하나님의 은혜와 축복을 전달하였다.

1988년, 덴버에서 목회할 때의 일이다. 샌프란시스코에서 열린 부흥회를 마치고 돌아왔는데, 얼마나 피로하였던지 갑자기 왼손바닥에 대상포진(shingles)이라는 신경통 계통의 고약한 피부병이 생기게 되었다. 이것은 완전히 나을 수 없는 병으로 어느 정도 호전된 후에도 평생동안 후유증을 앓는 병이었다. 통증이 너무 심할 때마다 예수님의 십자가상의 고통을 생각하며, 그 주님의 고난에 자신도 동참한다는 생각으로 그 고통을 견디어 내었다.

그리고 가족들 앞에서 고린도후서 4장 10절 말씀으로 자신의 신앙을 고백하였다.

"우리가 항상 예수 죽은 것을 몸에 짊어짐은 예수의 생명도 우리 몸에 나타내게 하려 함이라".

5. 그의 눈물

1989년 5월, 시카고에 거주했던 둘째아들 이정신이 세상을 떠나게 되었다. 이인재는 아들의 소천 소식을 듣고 보스톤에서 시카고로 가는 비행기에 몸을 실었다. 공항에 도착해서 마중 나온 동생 이명재 목사와 그의 아내 박영순 사모를 보자 못내 참아왔던 울음을 목놓아 터뜨리게 되었다. 사실 첫 번째 아내인 신상이 사모를 잃고서도 거창교회에 부흥집회를 인도해야 했던 그였기에 눈물 한방울 흘릴 수가 없었다. 하지만 세월의 흐름 속에 이젠 아들의 죽음 앞에서 나그네 세월을 실감하며 그동안 많이 참았던 눈물을 터뜨렸던 것이다.

눈물 한 방울 안 흘릴 것같았던 그가 무던히도 잘 참아왔던 눈물이었다.

6. 날마다 죽는 삶

이인재 목사는 1960년대까지만 해도 삶에 있어서 무척 엄격했었다. 라디오 청취나 T.V 시청을 하나의 세속주의의 도구로 생각하여 자녀들에게 엄격하게 이것을 제한하였다. 그리고 자신은 자유주의 신학 등장과 교단분열 등에 깊은 관심을 갖고서 올바른 교리와 바른 신학 정립의 문제에 깊이 몰두하였다.

하지만 1974년 미국이민 이후부터는 교리적인 문제보다는 성령강림, 또는 그리스도의 성품을 닮는 삶에 대하여 깊은 관심을 가지게 되었고 자연히 이런 부분에 대한 연구와 가르침을 행하게 되었다.

그는 가족들과 함께하는 점심 식사시간을 이용해 오전 내내 가진 성경 묵상에서 깨닭은 진리를 가족들과 함께 나누는 일을 좋아 하였다. 특히 요한복음 17장에 기록되어 있는 예수님의 마지막 작별기도에 많은 관심을 두고 연구하였다.

요한복음 14장 20절, "그날에는 내가 아버지 안에, 너희가 내안에, 내가 너희 안에 있는 것을 너희가 알리라" 하는 말씀을 혼자 반복하면서 중얼거리기도 했다.

이인재 목사가 한번은 막내 아들인 이정수를 불렀다.

그리고 아들에게 말했다.

"정수야, 나의 목회의 비결은 로마서 15장 3절 말씀이야.

그리스도께서 자기를 기쁘게 하지 아니하셨나니".

구순 생신을 하고서...(대구에서)

그리고 내가 즐겨 읽는 성경구절은 고린도후서 3장 18절 말씀이야.

"우리가 다 수건을 벗은 얼굴로 거울을 보는 것 같이 주의 영광을 보매 저와 같은 형상으로 화하여 영광으로 영광에 이르니 곧 주의 영으로 말미암음이니라".

이인재 목사는 가족들에게나 교우들에게 자주 "하나님의 사람들의 영광은 날마다 자기 십자가를 지고 죽는 생활에 있는 것이다"라고 말하였다. 그리스도인의 삶이란 매일의 삶 속에서 자아를 죽이고 그리스도의 영의 성품을 닮아가는 것이라는 가르침을 가장 중요하게 생각하였고, 또 그러한 생활을 자신이 친히 실천하며 살아갈려고 노력했던 것이다.

이인재 목사는 출옥 성도로서 지난 세월 옥중에서 당한 고난에 대해 가족들에게조차 얘기하지 않으려고 노력했었다. 오히려 자신의 치룬 옥고를 가볍게 평가하면서 "때가 오면 우리는 그리스도를 위하여 용감히 생명을 내어던지는 순교의 영광을 누리게 될 것이다. 그러나 그보다 더 큰 영광은 날마다 죽는 생활이다."는 말을 종종 하였다. 신사참배반대운동과 순교에 대한 각오를 고난의 때를 살아가는 당시의 모든 그리스도인들이 으레히 당하여야만 했던 능욕과 핍박 정도로 여겼던 것이다. 그렇기 때문에 자신의 옥고나 신사참배반대로 인한 고난의 업적을 결코 자랑하지 않았다.

오히려 이인재 목사는 자신을 '순교(殉敎)의 실격자(失格者)' 라며 겸양(謙讓)하였다.

1996년 2월 22일, 자신이 원로목사로 있는 새한 장로교회가 주관하고, 필라델피아 노회가 후원한 자신의 90회 생신 축하연에서 그는 이런 간증을 하였다.

"난 언제나 주님의 손에 붙들려 살았고, 성령님께서 하자는대로 이끌려 살았어. 그래서 기뻐. 미국 와서만 주님의 몸된 교회를 5개나 세웠고 지금도 말씀 공부만 하면 시간가는 줄 몰라. 아내와 함께 피아노로 찬양하면 5시간도 좋고 6시간도 좋아. 바로 이것이 주님이 인재를 사랑하고 계시다는 증거인거야. 난 지금 구십인데 앞으로 10년은 더 넉넉히 살 것같아. 백살까지 살면서 나를 기다리는 교회에 가서 말씀 증거할거야."

그러면서 9순 잔치가 자신에게는 너무 과분한 대접이라며 그저 영광은 주님이 받아야 할 것이라 오직 주께만 영광을 돌린다고 말하였다.

그는 그의 인생의 마지막 때에 시편 43편을 즐겨 읽었다.

"그런즉 내가 하나님이여 단에 나아가 나의 극락의 하나님께 이르리이다 하나님이여 나의 하나님이여 내가 수금으로 주를 찬양하리이다. 내 영혼이 네가 어찌하여 낙망하여 어찌하여 내 속에서 불안하여 하는고 너는 하나님을 바라라 나는 내 얼굴을 도우시는 내 하나님을 오히려 찬송하리로다." (시 43:4~5)

아멘~!

7. 어린양과 같이 순한 사람

구순을 훨씬 넘겼음에도 뭔가 메모를 하고 있는 모습.

뭔가 메모를 하고 있는 모습.

이인재 목사의 오른 쪽 눈은 이미 오래 전부터 거의 실명된 상태였다. 평양형무소에서 옥고를 치루면서 영양부족에 기인한 것이었다. 왼쪽눈의 시력으로만 삶을 지탱하면서도 그는 무척 독서에 열중하였다.

그의 독서열은 타의추종을 불허할 정도였다.

시력이 너무 많이 감퇴되어 글씨가 잘 안보일 때도 커다란 돋보기로 책을 더듬어면서 글을 읽을 정도였다.

그가 작고하기 약 2년 전 어느 날 아침,

이인재 목사가 침실에서 일어나면서 외쳤다.

"내가 이젠 이삭과 같이 됐다"

그가 시력을 완전히 잃어 버린 것이었다.

병원을 찾아가 진료를 하였다. 담당 의사의 설명에 의하면 왼쪽 눈동자 뒤의 잔 핏줄이 터져 시력이 상실되었다는 것이었다. 이후로 이인재 목사는 그가 평소에 즐겨 읽던 성경과 설교 집들을 더 이상 읽지 못하게 되었고, 즐겨하던 산책도 중단해야만 했다. 온종일 하루를 침상에서 지내야 되는 안타까운 생활을 맞게 된 것이다.

그가 작고하기 몇 주 전부터는 문상문 사모가 그의 곁에서 찬송가 364장을 늘 불러 드렸다.

"내 주를 가까이 하려함은 십자가 짐같은 고생이나... 주께 더 나가기 원합니다."

그때마다 그는 다른 구절은 따라서 하지 못해도 맨 끝 소절 "원합니다"를 흐릿한 목소리지만 꼭 따라 불렀다.

한때 출옥성도로 평양 형무소에서 옥고를 같이 치루었던 안이숙 여사는 이인재 목사를 "어린양과 같이 순한 분"이라고 그의 자서전 「죽으면 죽으리라」에서 표현하였다. 정말 이인재 목사는 이삭과 같이 인자하고 온유한 분이셨다. "인자한 재상"이라는 이름의 뜻 그대로 이인재 목사는 마지막 숨을 거두시기까지 모든 고통과 불편을 순전한 재물로 드려진 어린 양과 같이 잘 견디어 내었다.

2000년 4월 30일, 필라델피아의 벚꽃이 주루룩 떨어지는 주일 새벽 1시 50분경, 가냘픈 봄바람과 같은 숨을 마지막으로 내몰아 쉬며 그는 아내가 지켜보는 가운데 94세의 일기로 조용히 하나님 품으로 떠나갔다.

7. 그의 장례식

2000년 5월 2일. 오후 8시, 필라델피아 근처의 벅스 카운티 교회에서 입관예배로 고별예배가 드려졌다. 그리고 5월 4일. 오전 9시, 그의 영결식이 호샴에 소재한 영생장로교회에서 치뤄졌다.

이날 영결식장에는 평소 고인을 따르던 많은 목회자와 교인, 친지 300여명이 참석하여 마지막 그의 가는 길을 지켜봤다. 오전 9시부터 진행된 발인예배에 이어 화이터 머쉬 묘지에서 하관예배가 드려졌다.

당시 이 장례식은 미주한인예수교장로교회(합동측) 총회장(葬)으로 거행되었다. 미주 합동측 총회는 1978년에 조직되었는데 이인재 목사가 초대 총회장을 역임했었다. 그는 총회장직을 수행함에 있어서 합리적 성품과 일처리로 미주총회를 반석 위에 올려놓은 인물이었다.

입관예배를 드린 필라델피아의 카운티 교회는 김풍운 목사가 시무하는 교회로 당시 필라델피아 한인교회 중 가장 규모가 크고 아름다운 교회당을 가진 교회였다. 평소 이인재 목사는 교회당이란 그저 비가 안새고 바람불때 안 날라갈 정도면 된다는 지론을 가지고 있었기에 자신이 개척해서 세운 대다수 교회당에서는 총회장으로 장례를 치루기가 부적합 하였다. 그래서 입관예배를 카운티교회당에서, 장례식을 영생장로교회에서 가졌던 것이다.

'이인재 목사님 천국환송예배' 로 명명(命名)된 발인예배의 예식집례는 김재창 목사가 맡았다. 하관예배는 류도일 목사의 집례로 진행됐다.

뉴욕 성화교회의 조의호 목사는 이날 조시(弔詩)에서 "P.C.도 인터넷도 아득하던 날에 가슴 속에만 성경을 정독하며 옥중일기를 몰래 새기시며 나의 눈물을 주의 병에 담으소서…〈중략〉…, 제1계명부터 성령의 권능으로 자못 투명히 지키고져 신사참배와 선한 싸움을 싸워온 명실공히 출옥성도이건만 순교 실격자로만 스스로 증언해 오신 당신의 겸손 앞에 아전인수 덫에 걸리던 내 양심 부끄럽습니다"라고 고인의 생전 품성과 참 성직자됨을 되새겼다.

그의 시신은 웨스터민스터신학교 신학생들에 의해 운구되어 펜실베니아의 엠블러(Ambler)에 위치한 화이트 머쉬 공원묘지(Whitemarsh Memorial Park Cemetery)에 안치되었다. 이것은 한 성도가 자신의 부친을 위해 사두었던 것인데 그가 딴곳으로 이사를 가게 되면서 이인재 목사에게 선물한 것이었다.

한 평생을 자신의 것이 없이 모든 것을 나누며 살았던 그였기에 우리 하나님께서 한 귀한 하나님의 사람을 통해서 그의 묘지를 마련해 주신 것이다.

그러나 한가지 이인재 목사가 생전에 못내 아쉬워했던 일이 있다. 그것은 신앙의 동지였던 박윤선 목사와 한 무덤에 묻히지 못하는 일이었다. 이인재 목사와 박윤선 목사의 인연은 평양신학교 시절부터 시작되었다. 그리고 고려신학교에서는 사제지간으로 다시 만나게 되었다. 이인재 목사는 90회 생신을 맞아 미주동아일보와 가진

한 인터뷰에서 이렇게 말했다.

"박윤선 목사는 나보다 불과 20일 먼저 출생한 동지인데 내가 그 밑에서 배웠으니 내 스승이지. 박윤선 목사는 이인재를 너무 좋아하니까 말하기를 '우리 죽거들랑 함께 묻히자' 고 했었어. 박윤선 목사는 내가 미국 간다니까 송별회에서 '인재 목사가 나를 버리고 가서 함께 못 묻혀 한이 되겠다' 고 했었지. 마음만 같으면 나도 거기 가서 (수원의 합동신학원 묘소) 묻히고 싶지만 우리들은 어차피 한 곳에서 만날 거니까..."

신사참배로 옥고치룬 교계의 산 증인

이인재 (1905~2000)

일제 치하 신사참배 반대로 옥고를 치룬 신도중 마지막으로 이인재목사가 4월30일 새벽 1시 향년 95세로 별세했다.

민족사를 지켜본 교계의 산 증인이었던 이목사는 시카고 개혁교회의 원로 이명재목사의 형으로 지난 74년도에 도미했다. 그때 나이 68세였다.

이명재목사의 교회를 도우다 시카고 미현교회를 개척한 이목사는 자신을 부르는 교회가 있으면 언제나 조건없이 달려가 설교하고 기도해 주었다고 한다.

"1백세가 되어도 나를 원하는 교회가 있으면 달려가 설교하겠다" 고 말하며 평생을 열심히 목회에 헌신하며 살았다고 시카고 브니엘 장로교회 장로인 동생 이희재씨는 말한다.

1905년에 전주 이씨 양반가문에서 10남매의 장남으로 태어나 33세에 평양신학교에 들어갔다. 경남 밀양에서 13년간 면서기로 일하다 2년후면 면장이 되는데 큰아이가 10세 되던 해 집안의 만류를 뿌리치고 목회자의 길로 들어 선 것이다.

평양신학교가 신사참배 거부로 폐교된 후에는 이북의 주기철목사와 이남의 한상동목사의 항일운동에 뛰어들어 정보 자금 조달책으로 일하다 일본인에게 잡혀 6년간 감옥생활을 했다. 평양 신학교에서 졸업을 못한 채 폐교되어 평양 감옥 동지들이 모여 만든 부산 고려 신학교에서 최종 졸업했다.

90년대초에는 총회 신학교에서 명예박사 학위를 수여코자 했으나 거절했으며 평생을 올곧게 후세 양성과 보수신학 전수에 헌신하기를 원한 이목사였다고 가족들은 말하고 있다.

지난 76년에는 미주 한인교회 장로회 초대 총회장으로 선출됐고, 81세의 고령에도 필라 새한장로교회 창립목사로 청빙받아 목회를 했으며 별세 직전까지 원로목사로 봉직했다.

장례식은 미주 한인 예장 총회장으로 5월 2일 하오 8시 고별예배를 가졌으며, 4일 상오 10시 발인과 하관예배를 필라에서 갖는다.

유가족으로는 사모 문상문씨와 장남 정빈씨(대구 계명대 부총장 역임)등 3남 1녀와 시카고의 동생 이명재목사와 재성, 희재씨등이 있다.

연락전화 773-509-1631

시카고 한국일보(2000년 5월 3일)

주동아일보
Daily News

종교

추모사

고 이인재목사를 추모하며…

필라델피아 삼일교회 김수홍목사

이인재목사, 그는 특별하게 사시다가 가셨습니다. 1906년 1월 4일 이 세상에 오셔서 장장 94년을 지내면서 남달리 특별한 삶을 사셨습니다. 세상에 오신지 얼마되지 않았을 때는 한학을 공부하시면서 동리 청소년들을 부끄럽게 만들었습니다. 머리가 너무 좋아 천재라고 부름을 받았으니 천재가 아닌 청소년들에게 곤욕이 되었습니다.

그는 서당에 다니는 서당 총각의 신분으로 경남 밀양군 상남면 마산리에 있는 교회에 출석했습니다. 서당총각이 교회에 다닌다는 것은 심한 박해를 예견해야 했습니다. 그는 박해 중에도 굴하지 않고 교회에 출석했습니다. 그리고 남다른 신앙을 얻었습니다. 그는 교회 신축헌금 광고를 듣고 당신이 타고 다니던 자전거를 팔아 교회당 건축헌금을 하고는 한 시간 반의 거리를 걸어서 면사무소에 출근했습니다. 참으로 희생적인 사람이 었습니다. 그가 희생적인 사람이라는 것은 또 다른 면에서도 볼 수 있었습니다. 그는 13년의 공무원 생활을 청산하고 머나먼 거리에 있는 평양신학교에 입학했습니다.

주님을 위한 길이라면 먼 거리도 없었습니다. 그는 또 순교적인 정신으로 살다가 간 목사였습니다. 그는 전도사의 신분으로 일제의 신사참배를 반대하다가 감옥에 들어갔습니다. 전국교회는 총회의 결의(1938년)에 따라 신사참배를 하고 있었는데 몇몇 목사님들과 그리고 몇 명의 성도들과 함께 신사참배 반대의 쓰디쓴 생활을 시작했습니다. 1940년 5월 13일 드디어 감옥에 들어가서 한국의 광복까지 장장 5년 3개월간의 옥고를 치르셨습니다.

그는 출옥하여 고려신학교로 복교하여 1947년 6월 27일 제1회 졸업생이 되셨습니다. 그는 한국에 계시는 동안 여러 교회에서 담임목사로 시무하시다가 미국에 오셔서 또 여러 교회를 섬기셨습니다.

<고 이인재목사>

그는 남달리 겸손하셨습니다. 1978년에 미주한인 예수교 장로회 총회의 초대 총회장으로 당선되신 후 사회를 하시는 중에 모든 것을 물어서 하셨습니다. 결코 마음대로 좌지우지하지 않으셨습니다. 또한 그가 겸손한 인격의 소유자라는 것은 일반 대화에서도 엿볼 수 있었습니다. 그가 평소 잘 하시던 말씀이 있었습니다. 많은 사람들이 모여 있는 곳에서도 서슴없이 "나는 박윤선목사님으로부터 배웠다" 고 하셨습니다. 사실 박윤선목사님(1905년 12월 생)보다 한달 정도 늦게 이 땅에 오셨으니 그냥 침묵하고 사실 법도 하셨습니다. 그렇지만 박윤선목사님을 깍듯이 스승으로 존경하셨습니다. 참으로 이 목사님이야말로 겸손하신 종이시었습니다.

이 목사님은 참으로 충성스런 종이시었습니다. 그는 연세가 많아 교회의 일선에서 은퇴하신 뒤에도 노회나 총회에 열심히 참석하셨습니다. 그저 움직일 수만 있으시면 참석하셨습니다. 나중에는 기운이 다하여 총회 참석을 중단하는 수밖에 없었습니다. 그러나 노회에는 얼마 전까지도 사모님의 부축을 받으시면서 참석하셨습니다. 그리고 보청기를 끼시고도 잘 듣지 못하여 옆에 계신 사모님의 해설을 들으셨습니다. 그런데 어찌 축도 하시라는 소리는 잘 들으시고 등단하셔서 축도를 하셨습니다. 참으로 은혜가 되었습니다.

이 목사님은 성경 연구에 최선을 다하시는 분이시었습니다. 얼마 전까지만 해도 계속해서 성경을 연구하셨습니다. 특별히 요한 서신을 좋아하셨습니다. 열심히 연구하셔서 전하실 곳이 생기면 참으로 좋아하셨습니다. 필자가 시무하는 교회에서도 몇 차례 초청해서 말씀을 들었는데 그때마다 무척이나 좋아하셨습니다.

이 목사님은 기도의 종이시었습니다. 어느 때엔가 필라델피아 노회 소속 어느 교회에서 행사가 있었을 때 그는 그 교회의 목사에게 하루 두 시간씩 기도하라고 권면하셨습니다. 그 말씀은 그 교회의 목사만 듣지 않고 우리 모두가 들었습니다. 기도에 시간을 쓰지 않는 현대 교회의 목회자들에게 따끔한 일침이 되었습니다.

이 목사님은 영어 공부에도 열심을 다하는 분이시었습니다. 미국에 오신 후에 열심히 영어회화 공부를 하셨습니다. 그래서 많은 문장을 외우셨습니다. 그는 결코 안방 노인으로 있기를 원치 않았습니다. 그래서 그런지 사모님의 영어 실력도 대단하셨습니다. 얼마전 노회 임원들과 함께 양로원으로 목사님 문병을 갔을 때 사모님은 간호원의 말을 하나도 놓치는 것이 없는 것 같았습니다. 그리고 막힘없이 영어를 구사하셨습니다. 그리고 혹시 우리가 못 알아들었을까 염려해서 통역해 주시려는 눈치였습니다. 참으로 학구열에 대단하신 내외분이었습니다.

아무튼 이 목사님은 훌륭하게 그리고 특별하게 살다가 가신 분이었습니다. 그의 학구열, 희생정신, 그리고 후배를 아끼는 정신, 교회와 노회 그리고 총회를 사랑하신 정신, 그리고 놀라운 순교정신은 아마도 길이 길이 우리들의 가슴속에 남아 있을 것입니다. 이 목사님과 같이 훌륭한 분들이 우리 교계에서 많이 나왔으면 하는 바람이 우리에게 있습니다. 천국에서 다시 만나기를 기약하면서 이만 줄입니다.

미주 동아일보(2000년 5월 6일)

글을 맺으며

아름다운 하나님의 사람, 이인재.

그는 손양원 목사와 친 형제처럼 지냈다. 손양원 목사가 순교하자 한 때 그는 여수 애양원 교회 손양원 목사의 후임 담임목사로 갈려고 생각했을만큼 두 사람의 우애(友愛)는 두터웠다.

자신의 생명처럼 사랑했던 차재선 전도사를 먼저 떠나보내고 후일에 그가 쓴 『참 승리자인 차재선 전도사』라는 글에서 그는 이런 말을 하고 있다.

> 「서울에는 내가 특별히 사랑하는 사람이 있다. 그 사람은 한영교회 김경래 장로의 부인 차은희 권사이다. 차은희 권사에게는 아버지가 세 사람이 있으니 한 사람은 친 아버지인 차재선 전도사요, 또 한 사람은 사랑의 사도로 불리우는 순교자 손양원 목사요, 또 한 사람은 나 이인재 목사이다. 우리 세 사람은 같은 시기에 함께 특별하신 하나님의 부름을 받고 친형제 이상으로 우애와 신의를 가지고 사랑했으므로 차재선 전도사의 유일한 혈육인 차은희 권사를 평생에 친딸같이 여기며 살아왔다.」

그리고 그는 자신의 분신과도 같았던 차재선 전도사를 먼저 하나님의 품으로 떠나 보내고서는 "내가 얼마나 그를 사랑했는지 그가 병들었을 때 내가 티끌만한 거짓도 없는 소원으로 내가 대신 죽었으면 좋겠다" 고 한 설교 석상[43]에서 고백할만큼 그는 사랑의 정이 남다른 따뜻한 예수의 심장을 가진 사람이었다.

60주년 포상

그러기에 평소 그를 잘아는 어떤 목사는 그런 사랑의 정이 넘치고 평소 온유한 성격의 사람이 신사참배에 관한 한 어찌 그리 단호할 수 있을까 하며 투사로서 이미지와는 전혀 다른 이인재 목사에 대해 얘기한다.

'인자한 재상=仁宰' 이라는 그 이름의 뜻을 알만 하다.

안이숙 여사가 그를 '어린양과 같이 순한 분' 이라 할만큼 그는 유순한 사람이었다. 하지만 그는 하나님의 계명을 지키는 일에 관한한 단호하게 '아니오' 했던 사람이오, 어떤 거짓 앞에서도 물러섬이 없는 용감한 신앙의 투사였던 것이다.

그러기에 「태양신과 싸운이들」 저자 안용준씨는 그를 '신앙의 투사' 라고 불렀던 것이다.

참으로 힘든 시기에 태어나서 한 평생을 자신이 고백하는 신앙고백대로 살기 위해 애를 썼던 용기있는 한 인물을 조명해 보며 나 자신도 오늘이라 일컫는 이 한날을 어떻게 살아가야 할지에 대해 고민하지 않을 수 없다.

---

43) 『하늘이냐 땅이냐』, p. 12

일제수난기념교회, 밀양마산교회 내
이인재 기념판 앞에서 필자의 모습

이인재 목사의 막내 아들, 이정수의 메일

저희 아버님께서는 1974년 6월 29일, 68세의 나이로 미국에 이민을 오셨습니다. 한국을 떠나기 전 송별회 때 "나도 이제는 바울과 같이 전 세계를 두루 다니며 복음을 전하겠다"고 여러 동료 목사님들 앞에서 선포하셨습니다. 과연 아버님께서는 Chicago, Jersey City, Philadelphia, Erie, Denver, Boston, Greensboro, San Jose, LA, Vancouver 등 10여개 이상의 도시와 8개주 이상의 여러 지역에서 복음을 쉬지 않고 전하셨습니다.

선친 묘지 앞에서의 이정수군

처음에 미국에 오셔서 Chicago에 거주하실 때, 저희 집 앞에 한 야간 대학교 (Truman Community College)가 세로 설립되었썼고 민병철씨가 거기서 영어회화반을 가르치고 있었습니다. 아버님은 자명을 야곱으로 지으시고 과거 옥중생활때 성경구독이 허락되지 않아 선택했던 영어공부를 이제 약 30년후 다시 실시하게되어 그 공부에 열중하셨습니다. 아버님은 야곱을 좋아하셨고 또한 야곱처럼 험난한 삶을 사시면서 신앙을 지키셨습니다. 아곱이 말년에 바로 왕앞에 서서 말하기를: "내 나그네길의 세월이 백삼십년....우리 조상의 나그네길의 세월에 미치지 못하나 험악한 세월을 보내었나이다." 아버님도 야곱과 같이 그의 삶에 많은 풍난풍파를 경험하셨으나 하나님을 바라보는 단순한 신앙으로 자신의 험란한 순간들을 이겨내셨습니다. 야곱이 말로에 바로를 축복했듯이 아버님도 어려운 삶 가운데서 수많은 사람들께 하나님의 은혜와 축복을 전달 하셨습니다.

1988년 Denver에서 목회 하실 때에 San Francisco에서 부흥회를 마치시고 돌아오셔서, 무척 피로하셨든지 갑자기 왼손바닥에 대상포진(shingles)이라는 고약한 신경통 관계의 피부병에 걸리게 되셨습니다. 이 병은 완전히 나을 수 없는 병으로 어느 정도 나은 후에도 평생동안 후유증을 앓는 병입니다. 한참 고통이 심하실 때는 예수님의 십자가상의 고통을 생각하시며 그 고통에 동참하는 것으로 여기시며 견디어 내신다고 저에게 말씀하셨습니다. "우리가 항상 예수 죽은 것을 몸에 짊어짐은 예수의 생명도 우리 몸에 나타내게 하려 함이라" (고후 4:10).

그 다음 해 1989년 5월 Chicago에 거주했던 둘째아들 (정신)이 세상을 떠나게 되었습니다. Boston에서 Chicago로 오시면서 공항에 도착후 마중 나온 작은 아버님 이명재 목사님과 박영숙 권사님을 보며 터뜨리셨던 울음소리는 지금도 잊지 못합니다. 이어서 1990년초 과거에 매우 사랑하셨던 친구 차재선 전도사님의 사모되시는 백영희 권사님이 세상을 떠나게 되셨을 때도 무한한 애통의 눈물을 흘리셨다고 합니다.

1960년대의 아버님은 무척 엄격하신 분이였던 것같습니다. 라디오나 TV를 하나의 세속주의의 도구로 생각하시고 그런 것들을 엄히 막으셨습니다. 그 외에도 신신학이나 교단분열 및 올바른 교리 성립 등의 문제에 많은 열중을 보이셨읍니다. 그러나 미국이민 이후부터는 교리적인 문제보다는 성령강림 또한 그리스도의 성품을 닮는 삶에 대한 교훈을 많이 연구하시며 가르치셨읍니다.

점심식사시간에 그 날 아침연구에서 깨닭은 진리를 종종 저희식구들과 함께 나누곤 하셨습니다. 요한복음에 있는 예수님의 마지막 작별기도에 많은 관심을 두고 연구하셨던 것이 기억납니다. 요한복음 14:20 "그날에는 내가 아버지 안에, 너희가 내안에, 내가 너희 안에 있는 것을 너희가 알리라" 하는 말씀을 혼자 반복하시던 음성이 지금도 귀에 생생합니다.

어느 날 아버님께서는 저에게 말씀하시길, 로마서 15:3 "그리스도께서 자기를 기쁘게 하지 아니하셨나니" 라는 말씀을 한 젊은 목사님께 목회의 비결이라고 가르쳐 주셨다고 하셨습니다. 그외 또 아버님께서 즐기시던 성경구절은 고후 3:18 입니다. "우리가 다 수건을 벗은 얼굴로 거울을 보는 것 같이 주의 영광을 보매 저와 같은 형상으로 화하여 영광으로 영광에 이르니 곧 주의 영으로 말미암음임이니라"라는 말씀입니다. "하나님의 사람들의 영광은 날마다 자기 십자가를 지고 죽는 생활에 있는 것이다"라고 한 설교 (넘쳐흐르는 생명수, "날마다 죽는 생활") 에서 말씀하셨던 것 같이, 날마다 자아를 죽이고 그리스도의 영의 성품을 닮아가는 것이 기독인의 가장 큰 과제와 영광로 생각하시며 그것을 가르치시고 실천하려고 노력하셨습니다.

신사참배 반대로 의해 치르신 어려운 옥고는 저희 가족들이나 그 외 다른 사람들에게 많이 말씀하지 않으셨습니다. 위에 언급한 설교에서 다음과 같이 자신의 옥고를 가볍게 평가했습니다: "때가 오면 우리는 그리스도를 위하여 용감히 생명을 내어던져 순교의 영광을 누리게 될 것이다. 그러나 그보다 더 큰 영광은 날마다 죽는 생활이다." 신사참배반대운동과 순교의 각오는 그때 당시 기독인으로써는 누구나 으레히 했어야 하는 것으로 여기셨던것 같습니다. 그래서 자신의 옥고나 업적을 자랑하지 않으셨습니다.

아버님의 오른 쪽 눈은 이미 수년 전부터 거의 상실된 상태였습니다. 아마 옥중에서 영양부족으로 시력을 상실하신 것 같습니다. 그 이후 왼쪽눈으로만 시력을 지탱하시며 독서에 열중하셨습니다. 그러나 작고하시기 약 2년 전 어느 날 아침 침실에서 기립하시면서 "내가 이젠 이삭과 같이 됐다" 고 하시면서 시력을 완전히 잃어버리시게 되셨습니다. 의사 설명에 의하면 왼쪽 눈동자 뒤의 잔 핏줄이 터져 시력이 상실되었다는 것입니다. 평소에 즐겨 읽으시던 성경과 설교집들을 더 이상 읽지 못하게 되시며, 평상시 즐기시던 산책도 중단해야만 하시게 되셨습니다. 온종일 하루를 침상에서 거의 지내셔야만 했던 안타까운 생활을 하시게 되셨습니다.

옥고를 한때 같이 치렀던 안이숙 여사께서 아버님을 가리켜 "어린양과 같이 순한 분"라고 그의 자서전 (죽으면 죽으리라)에서 표현하셨던것 같이 저희 아버님은 이삭과 같이 인자하고 온유한 분이셨습니다. "인자한 재상" 이라는 자명의 뜻 그대로 아버님은 마지막 숨을 거두시기까지 모든 고통과 불편을 한 양과 같이 순진하게 견디어 내셨습니다.

2000년 4월 30일 필라델피아의 벚꽃이 주루럭 떨어지는 한 주일(부활절 이후 첫주일) 새벽 1시50분경에 가냘픈 봄바람과 같은 숨을 마지막으로 쉬시며 그는 아내의 목격하에 조용히 하나님 품으로 떠나셨습니다.

막내 아들 이정수

Chungsoo J. Lee

160 Clearview Ave.

Huntingdon Valley, PA 19006

215-947-4312

215-939-5831 (cell)

chungsoolee@yahoo.com

www.eeoinc.com

www.maxpages.com/korean

남영환 역, 「일제수난성도의 발자취」

도서출판 영문, 1991년

「일제수난성도의 발자취」는 일제강점기에 신사참배에 항거하여 투쟁했던 21명의 출옥성도들에 대한 일본 검사의 미결(未決)된 기소장(起訴狀)을 담아놓은 책이다.

한국교회의 역사에 있어서 잊어서는 안될 중대한 사실을 본인들의 간증이나 그들을 지켜보던 동지의 증언이 아닌 그들을 정죄한 일본정부의 사건 담당 검사의 기소장을 통해 우리는 알 수 있게 되었다. 출옥성도들은 그들이 검속되고 투옥되어 모진 고문과 힘겨운 옥고를 치루어야 했다. 그들이 출옥 되었을때 이와 같은 사실을 공개하는 것은 혹시나 자랑이 될까 봐 입을 봉하였다. 또한 정확한 증언을 할 수도 없었고 하지도 않았다.

그런데 비록 가해자들의 손을 통해서이지만 옥중 성도들의 진실된 자백을 기록에 담아서 오늘 우리 앞에 공개되게 하신 것은 하나님의 놀라운 섭리가 아닐 수가 없다.

필자는 일본 검사의 기소장인 출옥성도 예심 종결서 중 이인재 목사에 관한 기소내용이 담긴 부분만 공개하고자 한다.

출옥성도의 예심(豫審) 종결문

16. 본적: 경남 밀양군 상남면 마산리 779번지
    주소: 경남 밀양군 상남면 마산리 779번지
    이인재(李仁宰) 구니모도아까하루(國本朱元)
    이주원(李朱元) 당 40세

(제 十六) 피고 구니모도아까하루(國本朱元-李仁宰)는 본적지에서 출생. 어릴 때 8년간 서당에서 공부하다가 17세 되던 때 밀양군 예림사립강습소에 입학하여 19세 때 졸업과 동시에 밀양공립농잠학교에 입학 20세 되던 때 위 학교를 중퇴하고 거주지 상남면 사무소 서기가 되었다. 그러나 이미 17세 때부터 장로파 기독교에 입교하여 19세 되던 때에 거주지 마산리 교회 집사가 되어 봉사하다가 1938년 3월 33세가 되던 때에 면서기를 사면함과 동시에 평양으로 가서 평양신학교에 입학을 했으나 그 해 7월 그 학교가 신사참배문제로 폐쇄됨으로 해서 1939년 5월부터 주거지 마산리 교회 전도사가 되었으나 그 해 9월 이를 사면하고 성경의 연구를 위하여 평양에 이사하여 있던 자로서 평소에 그의 품고 있었던 주의와 사상은 제一의 서두에 기재된 피고인 이기선의 그것과 동일한 것으로 그의 독선적인 해석에 기초한 성경관으로부터 신궁이나 신사를 여호와 이외의 다른 신 즉, 거짓 신이라고 하여 이에 참배하는 것은 그리스도교의 계명에 위반되는 것이라고 망신(妄信)하여 일본제국의 천왕폐

하라고 하더라도 여호와 하나님으로부터 통치권을 부여 받은데 지나지 않는 바 하나님의 뜻에 의하여 통치권의 박탈로 또한 가능한 것이다. 그러므로 일본 제국의 존망도 하나님의 뜻에 달린 것으로 하나님은 국가 위에 존재하는 바 하나님의 뜻을 거역하는 신사참배 정책에는 끝까지 반대할 것이다. 또 현재 전쟁, 흉년 등이 계속되는 재난 또한 기독교에 대한 탄압이 심한 것도 현저한 말세의 현상으로 그리스도는 그의 예언하신 대로 멀지않은 장래에 이 세상에 다시 오셔서 일본을 포함 현재 존재하고 있는 모든 국가 조직을 붕괴시키고 새롭게 그리스도의 독재의 소위 천년왕국을 땅위에 건설할 수 있게 하기 위하여 위의 실현에는 하나님의 뜻을 체험한 충성된 사자들의 협력도 절대로 필요한 것으로 이를 위해서는 신사참배 등의 하나님의 뜻에 거역하는 정책에는 극력 반대하고 앞에 기재된 독선적인 성경관에 기초한 교리를 널리 전파함으로 이에 호응하는 다수의 동지들을 획득하는 일로 해서 목적을 달성하기 위해서는 우리 일본제국의 국체변혁도 필연적인 것이다. 그래서 천년왕국의 실현을 목적으로 하여 그의 주의와 사상을 선전하는 일에 광분하여 오고 있는 자로서 이의 실천운동으로는

(1) 1939년 8월 날짜 미상. 경상남도 동래군 남면 수영해수욕장에서 피고인 한상동, 조수옥 등과 모여서 제 十의 (4)에 기재된 것과 같은 말을 하였다.

(2) 그 해 10월 날짜 미상. 평양부 경창리 미국인 선교사 마두원(馬斗元)이란 말스벨(D. R. Malsbury) 방에서 같은 피고인 오윤선(吳潤善), 이광록, 최봉석, 김지성(金枝成) 등과 기도회를 개최한 자리에서 모인자들 모두에게 경남지방에서 있었던 신사불

참배운동 상황과 아울러 불참배자에 대한 일반신도의 환영의 열조등을 설명하여 모인 자들로 신사불참배 사상을 굳게 함과 동시에 금후 한층더 신사참배 반대에 나와 줄 것을 말하였다.

(3) 그 해 10월 2일 상순 날짜 미상. 평양부 경창리에 있는 자택에서 같은 피고인 김인희 및 박의흠과 모여서 제 二의 (1)에 기재된 것과 동일한 협의를 하였다.

(4) 같은 시기에 제 二의 (2)에 기재된 것과 동일한 평안북도 선산읍 창정 가내야마도구히로(金山礪熙)씨 집에서 같은 피고인 김인희, 박신근 등으로부터 그 사람들이 피고인에게 서두에 기재된 것과 동일한 취지를 근거로 범죄를 저지르게 할 목적을 가지고 공여하는 정을 알면서 금 400원의 공여를 받은 일이다.

(5) 그 해 12월 29일, 밀양군 상남면 마산리교회에서 같은 피고인 한상동을 방문 한상동과의 사이에 제 十의 (8)에 기재된 것과 동일한 협의를 하고 한상동에게 금 200원을 공여하였다.

(6) 그 날, 한상동과 한가지 동래읍 내성여관에서 제 十의 (9)에 기재된 것과 같이 윤술용에게 요망한 일이다.

(7) 그 달 30일, 한상동과 한가지 같은 피고인 조수옥을 찾아가서 제 十의 (10)에 기재된 것과 동일한 조수옥과 협의를 하였다.

(8) 그 날 오후, 한상동과 한가지 앞에 기재된 조수옥에게 제 十의 (12)에 기재된 것과 같이 서영수, 박신출에 대하여 협조를 요망하였다.

(10) 1940년 1월 1일, 한상동과 한가지 앞에 기재된 「지트」를 방문 제 十의 (13)에 기재된 것과 같이 같은 피고인 최덕지와 협의를 하였다.

(11) 그 달 2일. 한상동과 한가지 앞에 기재된 서덕기씨 집을 방문하여 제 十의 (14)에 기재된 것과 같이 협의를 하였다.

(12) 그 날. 한상동과 한가지 앞에 기재된 김주학씨 집을 방문하여 그곳에서 김주학과 같은 피고인 최상림에게 제 十의 (15)에 기재된 것과 같이 협력 방법을 요망하였다.

(13) 그 달 3일. 한상동과 한가지 앞에 기재된 황원택을 방문하여 그곳에서 황원택과 같은 피고인 이현속에게 제 十의 (16)에 기재된 것과 같은 협력 방법을 요망하였다.

(14) 그날 밤, 한상동과 한가지 같은 피고인 주남선을 방문 그곳에서 주남선과의 사이에 제 十의 (17)에 기재된 것과 같이 협의를 하고 또 주남선에게 운동자금으로 금 100원을 공여하였다.

(16) 그 달 7일, 평양부 장별리 2번지 체정민씨 집을 방문 그곳에서 체정민과 최봉석, 김의창에게 경남지방에서 있었던 신사불참배를 표방하는 본 운동의 상황을 설명한 후 금후의 활동방침 등에 대하여 협의를 하였다.

(17) 그 달 9일, 같은 피고인 이광록과 한가지 평양부 상수리에 있는 당시의 같은 피고인 안이숙을 찾아가 그곳에서 안이숙과 이광록에게 경남과 평북지방에서 있었던 본 운동의 상황을 설명하고 그들의 협력 방법을 요망하여 그들의 찬동을 얻고 금후의 방침 등에 대하여 시시로 협의를 하고 오히려 그때 안이숙으로부터 안이숙이 피고인에게 본 범죄를 범하게 할 목적으로 공여하는 정을 알면서 금 3원의 공여를 받았다.

(18) 그 달 20일, 같은 피고인 방계성을 그의 자택으로 찾아가 그곳에서 방계성에게 전항에 기재된 것과 동일한 운동상황에 대하여 설명하고 그이 협력 방침을 요망하여 그의 찬동을 얻음과

동시에 금후의 방침 등에 대하여 협의를 하였다.

(19) 그 달 26일, 이광록과 한가지 평양부 기림리 차용서(車用瑞)씨 집에서 차용서를 방문한 그 자리에서 세 사람이 전항에 기제한 신사불참배운동의 상황을 말하고 그 운동방법에 대하여 협의를 하였다.

(20) 그 달 28일, 평안남도 대동군 가현교회에 도착하여 그 교회에서 신도 약 50명에게 「그리스도의 신부」란 제목으로 '신부는 정조를 지킬 것을 요망한다. 그리스도교 신자는 신앙의 정조를 지킬 것을 요망한다. 신사참배는 기독교 계명을 거역함으로 이를 행하면 신앙의 정조를 파기 한 것이 된다' 라는 요지의 설교를 하였다.

(21) 그 해 2월 4일, 평양부 남신리교회에서 신도 약 80명에게 「아브라함의 신앙을 배우자」라는 제목으로 하나님의 명령에는 절대로 순종해야 한다라는 설교를 하면서 '신사는 우상임으로 이에 대한 참배는 우상에 예배하는 것이 된다. 이는 하나님의 명령을 위반하는 것이 됨으로 절대로 이를 하지 말 것' 이란 취지를 강조하였다.

(22) 그 달 7일, 이광록과 한가지 평양부 대찰리 112번지 아라가와 사다노리(新川貞糢－吳貞糢)방문하여 그곳에서 아라가와에게 산정현교회가 노회에 대하여 부담금을 거부하고 노회로부터 탈퇴한다는 뜻을 통고하였다. 그 사람들과의 사이에 그러한 문제는 산정현 교회가 평소에 간직한 뜻인 신사불참배 태도를 굳게 잡은 최후의 승리를 획득한다면 자연이 해소될 것임으로 금후의 불참배운동에 대하여 종종 협의를 하였다.

(23) 그 해 3월 5일, 자택에서 같은 피고인 이광록과 김지성, 최성봉

과 회합하여 피고인은 최성봉과 한가지 경남지방에서 있었던 불참배운동 상황을 말하여 모인 자들이 다 함께 금후로는 더욱 힘써 본 운동에 노력하자는 뜻으로 협의를 하였다.

(24) 그 해 2월 18일부터 3월 17일까지의 사이에 전후 5회에 걸쳐 평안남도 강서군 초리면 이노리교회에서 그 교회 신도 약 80명에게 「복종하는 자에게 하나님의 영광이 나타난다」란 등의 제목으로 '신사는 우상인바 그에 대한 참배는 우상숭배가 됨으로 하나님에게 복종하는 우리들에게는 절대로 이를 배격해야 한다' 라는 취지의 신사불참배 사상을 강조하는 설교를 하였다.

(25) 위 이노리교회에서 도착하던 날 날짜 미상. 그 교회 집사 니시하라이찌오(西原一雄)를 찾아가 니시하라의 거실에 황대신궁(皇大神宮)의 부적이 안치되어 있는 것을 보고 이를 멸시하고 '그리스도의 신자다운 자로서는 다른 신을 봉사(奉祀)하는 것을 죄악의 극에 달한다. 속히 이를 제하여 버리라' 라고 하여즉 위 부적을 내리우게 함으로서 신궁에 대하여 불경한 행위를 하였다.

(26) 그 해 3월 8일경, 평양부에 거주하는 미국인 선교사 함일톤씨집에서 함일톤으로부터 함일톤이 피고인에게 서두에 기재한 것과 동일한 취지의 범죄를 범하게 할 목적으로 공여하는 점을 알고서도 운동자금으로 금 100원의 공여를 받았다.

(27) 그 달 15일, 같은 피고인 이광록과 한가지 같은 피고인 안이숙을 방문 안이숙에게 경남에서 있었던 동지들의 운동상의 참고사항과 아울러 이들을 격려할 자금공여를 얻고 싶다. 또 이제 중의원(일본국회)에 대하여 안이숙이 박관준과 한가지 행했던

신사불참배운동 상황에 대한 설명을 요구 이를 자세히 청취하는 자리에서 안이숙, 이광록과 한가지 이후의 활동방법 등에 대하여 종종 협의를 하였다.

(28) 그 달 21일 밀양군 상남면 마산리에 있는 같은 피고인 한상동 씨 집에서 한상동과 제 十의 (29)에 기재된 것과 동일한 말을 하였다.

(29) 그 달 23일 한상동과 한가지 앞에 기재된 「데이지 호킹」씨 집을 찾아가서 그곳에서 그 사람과의 사이에 제 十의 (30)에 기재된 것과 동일한 협의를 하였다.

(30) 그 달 24일 한상동과 한가지 같은 피고인 손명복을 찾아가 그곳에서 손명복과의 사이에 제 十의 (31)에 기재된 것과 동일한 협의를 하였다.

(31) 그 달 25일 한상동과 한가지 앞에 기재된 「지트」씨 집을 방문하여 그곳에서 같은 피고인 최덕지와의 사이에서 제 十의 (32)에 기재된 것과 동일한 협의를 하였다.

(32) 그 달 27일 한상동과 한가지 앞에 기재된 황성호씨 집을 찾아가 그곳에서 같은 피고인 이현속, 같은 피고인 주남선과 제 十의 (33)에 기재된 것과 같은 말을 하였다.

(33) 그 날 전항에 기재된 대로 모였던 자들과 한가지 앞에 나타난 서덕기씨 집을 방문하여 서덕기와의 사이에 제 十의 (34)에 기재된 것과 동일한 협의를 하였다.

(34) 그 달 28일 아침 위 황성호씨 집에서 한상동과 한가지 피고인 주남선에게 제 十의 (35)에 기재된 것과 같이 운동자금으로 금 40원을 공여하였다.

(35) 그 날 전항에 나타난 한상동의 집에서 제 十의 (27)에 기재된

것과 동일한 협의를 하였다.

(36) 그 달 31일 평양부 장별리 2번지 같은 피고인 채정민씨 집을 찾다가 그곳에서 체정민과 최봉석, 김지성과 회합하여 그들에게 경남지방에 있었던 운동상황을 설명하고 이후의 활동방침에 대하여 종종 협의를 하였다.

(37) 그 날 평양부 상수리 스게오지노부고(佐伯信子)씨 집에서 같은 피고인 안이숙, 이광록, 김지성, 최봉석과 모여서 전항과 동일한 협의를 더하였다.

(38) 당시 평양부내에 거주하는 신사불참배주의자들 사이에 수차 개최하고 있는 「기도회」에서 소위 5일(金曜日) 예배가 그해 4월중 2·3회나 앞에 기재된 스게오찌 방에서 개최될 때에 참석 모인자 이광록, 체정민, 안이숙, 오윤선, 최봉석, 김지성 등과 한가지 불참배 신념을 앙양하는 데 노력을 함과 동시에 불참배운동의 방법에 대하여 종종 협의를 하였다.

(39) 그 해 4월 2일, 김지성과 한가지 앞에 기재된 체정민씨를 방문 세 사람 사이에 본 운동 방침에 대하여 종종 의견을 교환하였다.

(40) 그 달 3일, 같은 피고인 오윤선, 최봉석과 한가지 평양부 장별리 목사 이우택(李佑澤)씨 집을 방문하고 다시 그 날 같은 피고인 이광록, 김지성과 한가지 평양부 신양리 집사 장응태(張應泰)씨 집을 찾아가서 장응태에게 교제하는 중 신사참배는 계명을 거스리는 것이므로 이를 절대로 배격할 것을 말하는 위에 피고인들의 운동에 협력 해줄 것을 요망하였다.

(41) 그 해 4월 13일, 평양부 경창리 김지성씨 집에서 같은 피고인 김인희와 모여서 김지성과의 사이에 제 二의 (11)에 기재된 것

과 동일한 협의를 하였다.

(42) 그 달 20일 오전, 김지성씨 집에서 김지성과 같은 피고인 오윤선과 아울러 최봉석, 김의창, 박관준 등과 모여서 박관준으로부터 모인 사람들의 신사불참운동 상황을 청취하는 자리에서 모인 자들에게 장래의 본 운동 방침 등에 대하여 종종 의견을 교환 하였다.

(43) 그날 밤, 피고인의 방에서 같은 피고인 체정민, 오윤선, 박관준, 최봉석, 김지성 등과 모인 자리에서 체정민으로부터 「그리스도의 제자에 대한 위탁」이란 제목으로 '그리스도는 천지의 모든 권한이 내게 있다. 너희들은 가서 모든 사람을 제자로 삼아 내가 너희에게 분부한대로 지키게 하라 하였음으로 우리들의 진정한 신자들은 하나님의 뜻에 부응하여 하나님의 나라건설에 노력해야 한다' 라는 의미의 설교를 하는데 호응하여 모인 자 전원이 이의 운동방침에 관하여 종종 협의를 하였다.

(44) 그 달 21일 오전, 앞에 기재된 체정민씨 집에서 체정민과 전날 밤에 평양에 온 한상동등과 아울러 오윤선, 박관준, 김지성, 김의창 등과 모여서 제 十의 (39)에 열거한 것과 동일한 협의를 하였다.

(45) 그 날 오후, 자택에서 같은 피고인 김인회, 김형락, 박의흠과 아울러 한상동과 모여서 제 二의 (12)에 기재된 것과 동일한 협의를 하였다.

(46) 그 달 22일, 앞에 기재된 체정민씨 집에서 같은 피고인 김인회, 김형락, 체정민, 한상동, 오윤신, 이광록, 방계성, 안이숙, 박의흠, 최봉석, 김의창, 아라가와기오레쓰의 부인 등과 모여서 제 二의 (13)에 기재된 것과 동일한 협의를 하였다.

(47) 그 달 24일, 앞에 기재된 스게오지노부꼬(佐伯信子)씨 집에서 같은 피고인 김인회로부터 제 二의 (15)에 기재된 것과 같이 김인회가 한상동에게 교부하기 위한 금 200원을 받아서 이를 그달 27일 평양역 구내에서 제 十의 (43)에 기재된 것과 같이 한상동에게 건네 줌으로 그와 같은 금품의 수수행위를 방조하였다.

(48) 그 해 봄, 날짜 미상. 평양부 산정현교회 앞마당에서 같은 피고인 방계성과의 사이에 한상동을 중심으로 경남지방에서 있었던 신사불참배 운동 상황과 아울러 이기선을 중심으로 평북지방의 같은 운동 상황을 의논하고 신사는 우상인 고로 금후라 하더라도 이의 참배를 극력 배격하도록 운동을 전개해야 할 필요가 있다는 요지로 말을 하였다. 이러므로 국체변혁의 목적을 가지고 그 목적에 필요한 사항의 실행에 관하여 (1)내지 (3), (7), (8), (10), (11), (14), (16)내지 (19), (22), (23), (27)내지 (33), (35)내지 (38), (40)내지 (46), (48)과 같은 협의를 하였고 그 실행을 위하여 (6), (9), (12), (13), (20), (21), (24), (39)와 같이 선동하고 또 (5), (15), (34)와 같이 금품을 공여하였고 (47)과 같이 금품공여를 방조하였고 (4), (36)과 같은 점을 알면서도 금품 공여를 받은 것과 오히려 (25)와 같이 신궁에 대하여 불경스러운 행위를 하였다.

'신사참배를 끝까지 반대하던 순교자, 출옥성도들은
세상과 교회 앞에 정도를 제시한 이들 신앙의 선배들은
분명 이 땅에 보내주신 하나님의 사자요 선지자임에
의심할 여지가 없다'

*한숭홍 교수(장신대 교수),
「목회와 신학」(1977년 5월호, 81쪽)에서.

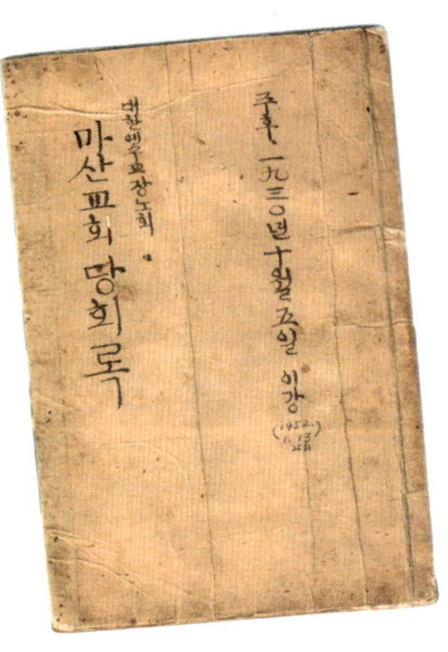

이인재 목사의 출신교회인
밀양마산교회 당회록

이인재 기념판 앞에 서있는 필자

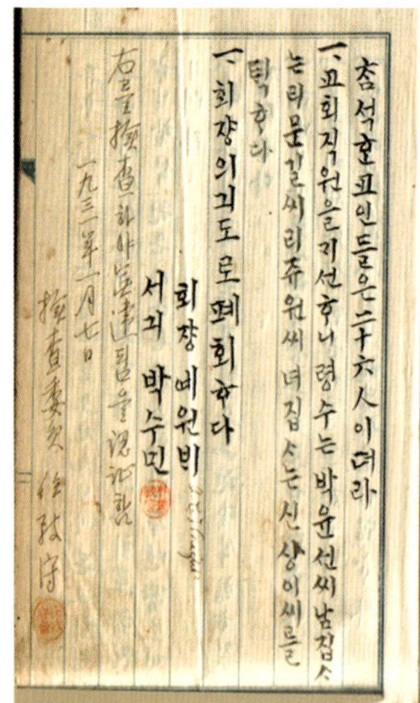
참석교인들은二十六人이더라
一、교회직원을긔션ᄒᆞ니령수는박윤선씨남집ᄉᆞ
는리문갑씨리쥬원씨녀집ᄉᆞ는신상이씨를
피택ᄒᆞ다
一、회쟝의긔도로폐회ᄒᆞ다
회쟝 예원비
서긔 박수민
右를檢査ᄒᆞ야無違ᄒᆞᆷ을認ᄒᆞᆷ
一九三一年一月七日
檢査委員

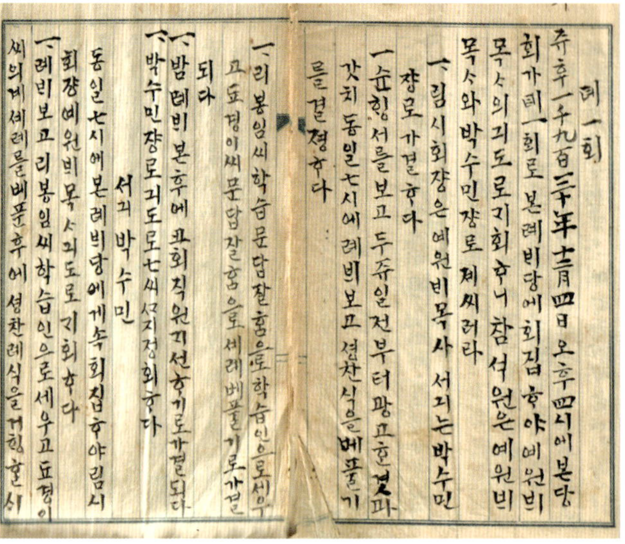
뎨一회
쥬후一千九百三十年十二月四日오후四시에본당
회가뎨一회로 본례비당에회집ᄒᆞ야예원비
목ᄉᆞ의긔도로기회ᄒᆞ니참석원은예원비
목ᄉᆞ와박수민쟝로졔씨러라
一、김시회쟝은예원비목사 서긔는박수민
쟝로가결ᄒᆞ다
一、쇼힝서를보고두쥬일젼부터광고ᄒᆞᆫ결과
갓치동일七시에례비보고셩찬식을베풀기
를결졍ᄒᆞ다
一、리봉임씨학습문답잘ᄒᆞᆷ으로학습인으로세우
고됴졍이씨문답잘ᄒᆞᆷ으로세례베풀기로가결
되다
一、밤례비본후에교회직원긔션ᄒᆞ기로가결되다
一、박수민쟝로긔도로七시ᄭᆞ지졍회ᄒᆞ다
서긔 박수민
동일七시에본례비당에계속회집ᄒᆞ야김시
회쟝예원비목ᄉᆞ긔도로기회ᄒᆞ다
一、례비보고리봉임씨학습인으로세우고됴졍이
씨의게세례를베푼후에셩찬례식을거힝ᄒᆞ시

이인재(리쥬원)와 신상이, 내외가 밀양마산교회의
선출직 집사에 피택되었다는 기록이다.
(1930년 12월 4일, 제1회 밀양마산교회 당회 기록)

이인재가 태어나고 자란 마산동네와 고향교회인
밀양마산교회의 모습

테마공원, 역사의 숲 앞에 선 필자의 모습

부산·경남기독교역사연구회

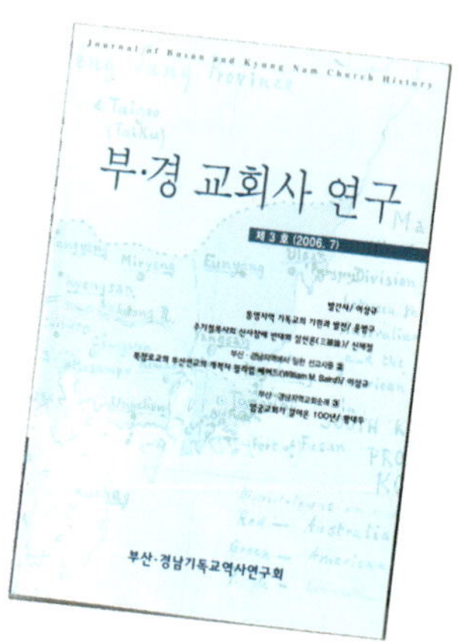

부산·경남기독교역사연구회는 이 지역의 기독교 역사를 공동으로 연구하며, 이를 통해 지역 교회를 섬기기 위한 목적에서 창립되었습니다. 이 지역 교회사 연구에 관심을 가지신 분들은 누구나 참여할 수 있습니다. 주변의 관심있는 분들의 참여를 부탁드립니다.

본회는 비영리 연구단체입니다. 본회의 연구, 교육, 출판을 위해 후원해 주실 분은 아래의 구좌를 이용해 주십시오. 회원의 연회비(일반 6만원, 학생 3만원)도 아래의 구좌를 이용해 주십시오.

국민은행 561801-01-306584 엄민섭(부경기연)

안내: 테마공원 역사의 숲

일제수난기념교회, 밀양마산교회

이인재 목사의 출신교회인 밀양마산교회를 방문하면 아름다운 역사의 숨결을 느낄 수 있다. 전원적인 환경 속에 잘 꾸며진 『테마공원, 역사의 숲』이 지난 2006년 5월 5일에 개장되어 밀양마산교회를 찾아오는 모든 방문객들을 반긴다.

경남 밀양시 상남면 마산리 802-9 번지에 위치한 밀양마산교회를 꼭 한번 찾아오시기를 권하고 싶다.

☎ 055)353-0046,7762,7052 홈페이지 Jfirst.net 혹은 Jfirst2.cafe24.com

부산-경남기독교역사연구회 전기총서 ①

태양과 맞서 싸운

신앙의 투사 이인재 목사

■

초판 1쇄 인쇄 / 2006년 9월 12일
초판 1쇄 발행 / 2006년 9월 17일

■

엮은이/박 시 영
펴낸이/김 수 관
펴낸곳/도서출판 영문
편 찬/부산·경남기독교역사연구소
122-070 서울시 은평구 역촌동 10-82
☎ (02)357-8585
FAX • (02)382-4411
E-mail • kskym49@yahoo.co.kr

■

출판등록번호/제 03-01016호
출판등록일/1997. 7. 24

파본은 교환해 드립니다.

정가 9,000원

ISBN 89-8487-207-5 03230

Printed in Korea